Kuzhina e Superushqimit

Receta të shijshme dhe ushqyese për shëndetin optimal. Zbuloni fuqinë e superushqimeve dhe transformoni shëndetin tuaj me 100 receta të thjeshta për t'u përgatitur

Ada Plaku

TABELA E PËRMBAJTJES

PREZANTIMI

Mirë se vini në Kuzhina Superushqimit, ku do të zbuloni fuqinë e jashtëzakonshme të superushqimeve dhe se si ato mund të transformojnë shëndetin tuaj. Me mbi 100 receta të shijshme dhe të lehta për t'u përgatitur, ky libër gatimi është udhëzuesi juaj për të përfshirë ushqime të pasura me lëndë ushqyese në gatimin tuaj të përditshëm. Çdo recetë shoqërohet me një foto me ngjyra të plota, kështu që ju mund të shihni saktësisht se si duhet të duket pjata juaj. Do të gjeni gjithashtu udhëzime të hollësishme se si të përgatisni dhe gatuani çdo recetë, si dhe informacione mbi përfitimet shëndetësore të secilit superushqim.

Nga smoothie-t e mëngjesit dhe ushqimet e mbushura me energji deri te supat e përzemërta dhe pjatat kryesore me shije, ky libër gatimi do t'ju çojë në një udhëtim kuzhine sa të shijshëm dhe ushqyes. Do të mësoni se si të përdorni superushqime si lakra jeshile, farat chia dhe quinoa për të rritur shijen dhe ushqimin e vakteve tuaja.

Pavarësisht nëse jeni duke kërkuar të humbni peshë, të rrisni energjinë tuaj ose thjesht të përmirësoni shëndetin tuaj të përgjithshëm, ky libër gatimi është udhëzuesi juaj për botën e superushqimeve. Do të mësoni për përfitimet shëndetësore të secilit superushqim dhe si t'i përfshini ato në gatimin tuaj për të maksimizuar vlerën e tyre ushqyese.

MËNGJESI SUPERUSHQIM

1. Torta me gëzof me salcë Açaí Berry

Bën: 4 racione

PËRBËRËSIT:
Salca me kokrra të kuqe AÇAI:
- 1 qese açai e pastër e ngrirë
- 1 ½ filxhan manaferra të përziera të ngrira
- 1-2 lugë shurup panje

HOTCAKES:
- 1 ½ filxhan miell të bardhë
- 3 lugë çaji pluhur pjekjeje
- Majë e vogël kripë
- 1 filxhan + 2 lugë qumësht soje
- 1 ½ lugë çaji ekstrakt vanilje
- 3-4 lugë shurup panje
- 1 lugë gjelle gjalpë kokosi të shkrirë

UDHËZIME:

Salca me kokrra të kuqe AÇAI:

a) Shtoni përbërësit në një tenxhere me zjarr mesatar dhe grijini manaferrat pasi të jenë të buta. Ulni nxehtësinë në minimum dhe gatuajeni për 5-10 minuta duke e përzier herë pas here.

b) Përdoreni salcën të ngrohtë nga tenxherja ose vendoseni në frigorifer për disa orë që të trashet.

HOTCAKES:

c) Në një tas të madh përzieni përbërësit e lagësht dhe më pas përzieni me përbërësit e mbetur të thatë. Duhet të jetë i trashë por që mund të derdhet dhe përpiquni të mos e teproni brumin.

d) Ngrohni një tigan që nuk ngjit në temperaturë mesatare dhe sapo të nxehet hidhni afërsisht $\frac{1}{2}$ filxhan brumë në qendër. Prisni që të shfaqen flluska dhe kthejeni gatimin për 1-2 minuta të tjera. Jini të durueshëm pasi kërkon kohë për t'u bërë me gëzof.

e) Vendosni petullat dhe sipër me salcën/frutat me manaferrat açai dhe shijoni!

2. Waffles me një salcë Açaí-manaferrat

Bën: 4 racione

PËRBËRËSIT:
- 1 filxhan miell bajame
- 1 lugë çaji pluhur pjekjeje
- $\frac{1}{2}$ lugë çaji sodë buke
- $\frac{1}{4}$ filxhan sheqer kokosi
- 1 filxhan qumësht kokosi
- 3 lugë vaj kokosi
- 1 majë ekstrakt vanilje
- 1 vezë liri
- 1 lugë gjelle shurup panje

UDHËZIME:
a) Në një enë përzieni miellin, pluhurin për pjekje, sodën e bukës, sheqerin e kokosit dhe ekstraktin e vaniljes. Në një filxhan të veçantë përzieni vajin e kokosit, qumështin e kokosit dhe vezën e lirit.

b) Shtoni përbërësit e lagësht tek ata të thatë dhe përziejini derisa të kombinohen mirë.

c) Lëreni të qëndrojë në frigorifer ndërsa hekuri i vaflës po nxehet.

d) Lyejeni hekurin me pak vaj kokosi dhe vaflet e zierjes deri në kafe të artë dhe pak krokante.

e) Për salcën, ngrohni në një tigan të vogël 2 grushta fruta me 3 lugë shurup agave derisa të shfaqet një konsistencë pelte. lëreni të ftohet dhe shtoni 1 lugë gjelle pluhur Açaí.

f) Hidhni sipër waffles dhe dekorojeni me më shumë fruta.

3. Qull Ashwagandha me komposto kumbulle

Bën: 2 racione

PËRBËRËSIT:
PËR QYLL
- 100 g oriz mochi
- $\frac{3}{4}$ gota ujë
- 1 filxhan qumësht orizi
- një majë kripë
- 1 lugë gjelle ëmbëlsues orizi
- $\frac{1}{2}$ lugë çaji ekstrakt vanilje
- 1 lugë çaji Ashwagandha

PËR KOMPOTEN E KOMPOTËS
- 300 gram kumbulla
- 2 lugë ëmbëlsues orizi
- 1 lugë çaji pluhur shafran i Indisë
- Anise me 1 yll
- 1 shkop kanelle
- 2 bishtaja kardamom

UDHËZIME:
PËR QYLL:
a) Gatuani orizin për 10-15 minuta me ujë në zjarr të ulët. Më pas shtoni qumështin dhe vazhdoni zierjen edhe për 20 deri në 30 minuta.

b) Shtoni një lugë gjelle ëmbëlsues orizi në qull dhe rregulloni me pak kripë dhe vanilje.

c) Përzieni Ashwagandha.

PËR KOMPOTEN:

d)Pritini kumbullat në copa të vogla dhe vendosini në një tenxhere të vogël me ujë, një lugë çaji kripë, ëmbëlsues orizi, shafran i Indisë, shkop kanelle, anise dhe kardamom dhe ziejini butësisht për rreth 10-15 minuta mbi nxehtësinë mesatare-të ulët.

e)Hiqni shkopin e kanellës, aniseun dhe kardamonin përpara se ta shërbeni.

f) Shërbejeni me qull.

4. Petulla me banane Ashwagandha dhe Shafran i Indisë

Bën: 2 racione

PËRBËRËSIT:

- 1 filxhan miell tërshëre pa gluten
- 1 lugë çaji Ashwagandha
- 1 banane, e prerë në feta
- 2 lugë fara liri të bluara
- 6 lugë gjelle ujë
- $\frac{1}{2}$ lugë çaji sodë buke
- $\frac{3}{4}$ filxhan qumësht jo qumështor
- $\frac{1}{2}$ lugë çaji ekstrakt vanilje
- 1 lugë çaji kanellë
- $\frac{1}{2}$ lugë çaji pluhur shafran i Indisë
- 1 lugë gjelle shurup panje
- 1 lugë çaji uthull molle
- majë kripë
- 1 lugë çaji vaj kokosi, për gatim

PJESË TJERA:

- thekon kokosi
- çdo frut vendas
- gjalpë lajthie
- kokrra kakao

UDHËZIME:

a) Përzieni farat e bluara të lirit me ujin, përzieni disa herë dhe lëreni të qëndrojë për 20 minuta

b) Derdhni miellin në një tas për përzierje, shtoni sodën e bukës dhe përziejeni që të bashkohet

c) Shtoni miellin e lirit, qumështin, vaniljen, kanellën, shafranin e Indisë, shurupin e panjës dhe uthullën dhe përzieni për të formuar një masë paste.

d) Ngrohni vajin e kokosit në një tigan të madh në zjarr të ulët dhe gatuajeni petullën për 1-2 minuta, derisa anët të marrin ngjyrë kafe të artë dhe të formohen flluska sipër.

e) Ndërsa formohen flluskat, filloni duke shtuar disa feta bananeje sipër petullës.

f) Kthejeni dhe gatuajeni edhe 1-2 minuta nga ana tjetër.

5. <u>Ashwagandha-Goji-Oats</u>

Bën: 2 racione

PËRBËRËSIT:

- Tërshërë për fëmijë me prerje të shpejtë
- Pluhur Ashwagandha
- Berries Goji
- Erëza
- Kripë deti kelt për shije
- I dashur
- Qumësht i plotë ose qumësht bajame
- Opsionale: farat e susamit të zi ose arra

UDHËZIME:

a) Ziejini 1 filxhan tërshërë për bebe të prerë shpejt, 1 lugë çaji Ashwagandha, erëza, manaferrat goji dhe kripë në 3 gota ujë për disa minuta.

b) Shtoni mjaltin dhe qumështin sipas shijes

6. Tërshëra Goji Berry

Bën: 2 racione

PËRBËRËSIT:

- Tërshërë për fëmijë me prerje të shpejtë
- Pluhur Ashwagandha
- Berries Goji
- Erëza
- Kripë deti kelt për shije
- I dashur
- Qumësht i plotë ose qumësht bajame
- Opsionale: farat e susamit të zi ose arra

UDHËZIME:

a) Ziejini 1 filxhan tërshërë për bebe të prerë shpejt, 1 lugë çaji Ashwagandha, erëza, manaferrat goji dhe kripë në 3 gota ujë për disa minuta.

b) Shtoni mjaltin dhe qumështin sipas shijes

7. Qull me mollë, goji dhe arra

Bën: 4 porcione

PËRBËRËSIT:

- $\frac{1}{2}$ filxhan me arrat tuaja të preferuara
- 2 mollë të prera dhe të prera në kubikë
- 1 lugë gjelle fara liri të bluar
- 2 lugë shurup agave
- 1 lugë gjelle goji berries
- 6 fiq të thatë, të grirë

UDHËZIME:

a) Vendosni arrat, mollët, farat e bluara të lirit dhe agave në një përpunues ushqimi.

b) Përpunoni në një teksturë qull të trashë sipas dëshirës tuaj.

c) Për ta shërbyer, ndajeni në katër tasa. Sipër i hidhni goji manaferrat dhe fiqtë dhe shërbejeni.

8. Bollgur i mbirë me Goji Berries

Bën: 4 porcione

PËRBËRËSIT:
- 2 gota drithëra tërshërë të plota, të zhytura gjatë natës në 4 gota ujë dhe të shpëlarë
- $\frac{1}{2}$ filxhan hurma pa koriza, 1 filxhan banane me feta ose $\frac{1}{4}$ filxhan shurup agave
- 2 lugë ujë të filtruar, sipas nevojës
- $1\frac{1}{2}$ lugë gjelle me aromën tuaj të preferuar
- $\frac{1}{2}$ filxhan goji berries

UDHËZIME:
a) Vendosni tërshërën dhe hurmat në një përpunues ushqimi me ujë dhe përpunoni në një strukturë kremoze të ngjashme me tërshërën e gatuar.

b) Shtoni aromatizuesin opsional dhe frutat dhe arrat, nëse dëshironi.

c) Pulsoni që të përzihet mirë.

9. Ashwagandha Bircher Muesli

Bën: 2 racione

PËRBËRËSIT:

- 2 gota tërshërë të mbështjellë Jumbo
- Kos vegan
- 5-6 bajame të prera në feta
- 2 lugë fara Chia
- 1 lugë gjelle pluhur Ashwagandha
- 4 Luleshtrydhe, të prera në feta
- 1 lugë fara kungulli
- 2 lugë rrush të thatë
- Mjaltë ose shurup panje sipas dëshirës

UDHËZIME:

a) Bosh tërshërë të mbështjellë në një kavanoz apo një tas

b) Shtoni kos vegan, fara Chia, bajame, fara kungulli, rrush të thatë dhe Ashwagandha. Përziejini tërësisht.

c) Zhyteni gjatë natës në frigorifer.

d) Shtoni pak qumësht për ta përzier përsëri derisa të arrihet konsistenca e lëmuar dhe e dëshiruar.

e) Përpara se ta shërbeni, përdorni feta të prera banane dhe luleshtrydhe si zbukurim.

f) Shtoni garniturën dhe ëmbëlsuesin.

10. Qull Ashwagandha Chai

Bën: 2 porcione

PËRBËRËSIT:

- Shishe 12 ons Ashwagandha Chai, e ndarë
- 1 filxhan qumësht bajame vanilje pa sheqer, plus më shumë për spërkatje
- 1 gotë ujë
- $\frac{1}{2}$ lugë çaji kripë kosher
- $\frac{1}{2}$ filxhan tërshërë të mbështjellë
- $\frac{1}{2}$ filxhan tërshërë të prerë në çelik
- 1 lugë gjelle shurup panje të pastër, plus më shumë për spërkatje
- Kanellë e bluar, për zbukurim

UDHËZIME:

a) Në një tenxhere të mesme, kombinoni 1 filxhan çai, 1 filxhan qumësht bajame, 1 filxhan ujë dhe kripë. Lëreni të ziejë lehtë mbi nxehtësinë e lartë.

b) Shtoni të dyja llojet e tërshërës dhe ulni nxehtësinë në mesatare-të ulët.

c) Lëreni tërshërën të gatuhet në një zjarr të vazhdueshëm, duke e përzier herë pas here, për 20 minuta. Përzieni 1 lugë gjelle shurup panje.

d) Ndani qullin midis 2 tasave dhe hidhni sipër pak çaj shtesë, qumësht bajame dhe shurup panje nëse dëshironi.

e) Zbukurojeni me pak kanellë dhe shijojeni!

11. Granola me çokollatë

Bën: 2 porcione

PËRBËRËSIT:
- 2 gota tërshërë të mbështjellë
- 12 arra braziliane, te grira holle
- $\frac{1}{4}$ filxhan bajame të prera në feta
- $\frac{1}{4}$ filxhan vaj kokosi
- 2,5 lugë shurup panje
- 1 lugë gjelle sheqer kokosi (opsionale)
- $\frac{1}{2}$ lugë gjelle pluhur kakao
- 2 lugë çaji pluhur ashwagandha
- $\frac{1}{2}$ lugë çaji vanilje
- $\frac{1}{4}$ lugë çaji kripë deti
- $\frac{1}{3}$ filxhan patate të skuqura çokollatë
- $\frac{1}{2}$ filxhan manit të thatë

UDHËZIME:
a) Ngrohni furrën tuaj në 325F dhe vendosni një fletë pjekjeje me letër pergamene.

b) Përziejini së bashku të gjithë përbërësit, përveç copëzave të çokollatës dhe manit të thatë.

c) Përhapeni masën në mënyrë të barabartë në tepsi të veshur me pergamenë dhe piqni për 20 minuta, duke e trazuar në gjysmë të kohës së pjekjes.

d) Ndërsa granola është ende e nxehtë, transferojeni në një tas për përzierje dhe shtoni copat e çokollatës dhe manat e thata. Përziejeni masën derisa çokollata të shkrihet dhe të fillojë të formojë grumbuj.

e) Lëreni të ftohet plotësisht dhe ruajeni në një enë hermetike.

12. Qull Ashwagandha

Bën: 4

PËRBËRËSIT
- 10 copë rrënjë Ashwagandha
- 1 ½ litër Ujë
- 120 g pulë
- 100 gr oriz aromatik (lajeni dhe kullojeni)
- 2 copë Kërpudha të thata
- 12 copë arra Gingko

MARINADA PËR MISH PULE:
- 1 lugë çaji salcë soje e lehtë
- 1 lugë çaji vaj susami
- ½ lugë çaji miell misri

Erëza:
- ¼ lugë çaji Piper
- ¼ lugë çaji Sheqer
- ¼ lugë çaji vaj susami
- 1 lugë çaji salcë soje e lehtë
- Kripë dhe piper

SKARNIZA
- 1 inç xhenxhefil i freskët

UDHËZIME
a) Lani dhe pastroni pulën. Më pas, priteni në copa të vogla.

b) Mbani kockat e pulës mënjanë për përdorim të mëvonshëm.

c) Në një tas të madh, shtoni rrënjët e Ashwagandha dhe kockat e pulës. Lëreni këtë të vlojë.

d)Ziejeni këtë lëng mishi në zjarr të ulët për 30-40 minuta. Kullojeni stokun.

e)Lani dhe copëtoni kërpudhat e freskëta. Nëse përdorni kërpudha të thata, futini ato në ujë për 15 deri në 20 minuta. Pritini ato në copa.

f) Shtoni orizin, lëngun, kërpudhat dhe arra xhinko në një tenxhere të freskët. Mbajeni këtë në sobë dhe lëreni të vlojë.

g)Ziejeni përzierjen derisa orizi të jetë i butë. Ju mund ta ruani konsistencën sipas preferencës tuaj.

h)Njëkohësisht, gjysmë gatuajmë copat e pulës në një tigan që nuk ngjit me pak vaj.

i) Shtoni fileton e pulës në përzierjen e orizit. Gatuani këtë edhe për disa minuta derisa pula të zbutet.

j) Fikni sobën dhe rregulloni erëzat.

k)E zbukurojmë me copa xhenxhefili dhe e shërbejmë të nxehtë.

13. Vezë çaji kinez

Bën: 6 vezë

PËRBËRËSIT

- 6 vezë të mëdha
- $\frac{1}{4}$ filxhan salcë soje
- 2 gota ujë
- 2 anise yje të tërë
- 1 shkop kanelle ceiloni
- Lëkura e $\frac{1}{4}$ e një portokalli
- $\frac{1}{2}$ lugë çaji piper i zi
- 1 lugë gjelle rrënjë Ashwagandha e prerë në feta
- 1 lugë gjelle sheqer palme kokosi
- 3 lugë gjelle gjethe çaji të zi

UDHËZIME

a) Në një tenxhere të vogël ziejini vezët për rreth 5 minuta. Kulloni vezët dhe lërini të vendosen në një tas me ujë të ftohtë derisa vezët të ftohen mjaftueshëm për t'u trajtuar.

b) Duke përdorur pjesën e pasme të një luge të vogël, trokisni përreth çdo veze, derisa lëvozhga e vezës të çahet, por ende e paprekur. Nëse copa të vogla të lëvozhgës së vezës shkëputen, kjo është në rregull, por përpiquni ta mbani lëvozhgën e vezës të gjitha në një pjesë rreth vezës.

c) Vendosni vezët përsëri në tenxhere. Shtoni salcën e sojës në tenxhere. Shtoni ujë aq sa të mbulojë vezët. Shtoni në të të gjithë përbërësit.

d) Lëngun e lëmë të vlojë, më pas e ulim zjarrin dhe e ziejmë të mbuluar për 30 minuta.

e) Lëreni tenxheren të ftohet, më pas vendoseni në frigorifer që të qëndrojë për të paktën 6 orë, por mundësisht gjatë natës.

14. Açaí Tërshërë gjatë natës

Bën: 2 porcione

PËRBËRËSIT:
- 1 1/4 filxhan tërshërë të mbështjellë
- 1 1/4 filxhan qumësht bajame
- 1/3 filxhan plus 2 lugë çaji kos
- 1 lugë gjelle pluhur Açaí
- 1 lugë mjaltë
- 1/4 lugë çaji ekstrakt vanilje
- një majë kripë

UDHËZIME:
a) Përziejini të gjithë përbërësit derisa të kombinohen mirë.

b) E vendosim në frigorifer që të ngurtësohet dhe të bëhet kremoz për 1-2 orë ose gjatë gjithë natës.

15. Kafshata e dolli franceze Açaí

Bën: 4 racione

PËRBËRËSIT:
- 2 vezë
- $\frac{1}{4}$ filxhan krem kokosi
- 1 lugë çaji pluhur Açaí
- majë kripë
- Gjysmë petë brumë kosi
- vaj kokosi për gatim
- sheqer në shtresë
- shurup panje për të shërbyer

UDHËZIME:
a) Rrihni vezët, kremin e kokosit, Açaín dhe kripën në një tas.

b) Hiqni koret nga buka dhe pritini në katrorë.

c) Ngrohni pak vaj kokosi në një tigan të madh dhe duke punuar në tufa, hidhni bukën në përzierjen e vezëve, shkundni tepricën dhe vendoseni në një tigan.

d) Kthejini kubet ndërsa marrin ngjyrë të artë nga secila anë.

e) Pasi të jetë gatuar nga të gjitha anët, hiqeni nga tigani dhe futeni në sheqer dhe hidheni të lyhet.

f) Përsëriteni me bukën e mbetur dhe shërbejeni me shurup panje.

16. Çokollatë e nxehtë Açaí

Bën: 2 porcione

PËRBËRËSIT:
- 1 ½ filxhan pure Açaí
- 1 filxhan qumësht kokosi me yndyrë të plotë
- 2 ½ lugë gjelle pluhur kakao
- 1 luge ekstrakt vanilje
- Majë kripë

UDHËZIME:
a) Shtoni të gjithë përbërësit në një tenxhere të vogël. Rrihni për t'u kombinuar dhe lëreni të ziejë mbi nxehtësinë mesatare në të lartë.

b) Ulni nxehtësinë në mesatare-të ulët dhe vazhdoni të zieni derisa të ngrohet.

c) Ndani në mënyrë të barabartë mes dy gotave dhe zbukurojeni me mbushjet tuaja të preferuara me kakao të nxehtë!

CAJ SUPERUSHQIM

17. Čaj goji berry

Bën: 4 porcione

PËRBËRËSIT:
- Ujë i nxehtë
- Një grusht goji manaferra

UDHËZIME:
a) Ziejeni kazanin tuaj.
b) Shtoni kokrrat tuaja të thara goji në një qese çaji të ripërdorshme ose në një çaj më të pjerrët.
c) Hidhni mbi ujë të vluar dhe lëreni të ziejë për të paktën pesë minuta.
d) Kënaquni!

18. Çaj Krizantemë Me Goji

Bën: 4

PËRBËRËSIT:
- 4 gota me ujë të vluar
- 1 luge lule krizanteme
- 1 lugë gjelle goji berries
- 4 hurma të kuqe pa fara
- I dashur

UDHËZIME:
a) Shtoni lulet e krizantemës, hurmat dhe manaferrat goji në një tenxhere.
b) Shtoni 4 gota ujë të valë të nxehtë.
c) Lëreni të ziejë për 10 minuta.
d) Kullojeni dhe shtoni mjaltin.

19. Çaj Goji Berry dhe Damiana

Bën: 2 racione

PËRBËRËSIT:

- 1 lugë gjelle goji berries, të freskëta ose të thata
- 1 lugë çaji damiana
- $\frac{1}{2}$ lugë çaji pluhur rrënjë jamballi

UDHËZIME:

a) Vendosni të gjithë përbërësit në një çajnik dhe mbulojeni me 10 oz ujë të vluar.

b) Lëreni të qëndrojë për 10-15 minuta dhe më pas shërbejeni.

c) Infuzioni gjithashtu mund të lihet të ftohet dhe të shërbehet si pije e ftohtë.

20. Çaj trëndafili dhe boronicë

Bën: 2 racione

PËRBËRËSIT:
● 1 lugë gjelle lëvozhga trëndafili, të freskëta ose të thata
● 1 lugë boronica, të freskëta ose të thata
● 1 lugë çaji lëkurë portokalli
● 1 lugë çaji goji berries, të freskëta ose të thata

UDHËZIME:
a) Vendosni të gjithë përbërësit në një çajnik dhe mbulojeni me 10 ml ujë të vluar.
b) Lëreni të injektohet për 10-15 minuta, kullojeni dhe shërbejeni.

21. Çaj frutash me hurma të kuqe Goji

Bën: 6 racione

PËRBËRËSIT:
- 25 gram hurma të kuqe, gropat e hequra
- 20 gram longan të thatë
- 20 gram goji berries
- 1.75 litra ujë

UDHËZIME:
a) Hapni një nga paketat e çajit të frutave me hurma të kuqe Goji të para-pjestuar.
b) Lërini 1,75 L ujë të ziejnë.
c) Lani përbërësit dhe hidhni gjithçka në ujë të valë.
d) Ulni nxehtësinë në të ulët dhe ziejini për një orë.
e) Shërbejeni dhe shijoni!

22. Çaj Xhenxhefili Goji Berry

Bën: 3 gota

PËRBËRËSIT:
- ¼ filxhan goji berries
- 3 gota ujë të nxehtë
- Xhenxhefil 1 inç, i prerë hollë
- ¼ filxhan sheqer guri

UDHËZIME:
a) Lani manaferrat goji në ujë të ftohtë disa herë. Kullojeni ujin.

b) Sillni 3 gota ujë në një valë. Fikni zjarrin dhe hiqeni nga soba.

c) Shtoni manaferrat goji, xhenxhefilin dhe sheqerin.

d) I mbulojmë me kapak dhe i lëmë të ziejnë për 1 orë për aromë maksimale.

e) Zbuloni kapakun dhe derdhni në gota me manaferrat nëse ju pëlqen dhe jeni gati për t'u shijuar

23. Mollë, Goji Berry dhe çaj mjalti

Bën: 8

PËRBËRËSIT:
- 1 kilogram mollë me lëkurë të kuqe, të qëruar dhe me bërthama
- 2 hurma mjaltë
- 2 litra ujë
- 3 lugë gjelle goji berries
- sheqer guri, për shije
- feta mollë për zbukurim

UDHËZIME:
a) Vendosni mollët, hurmat e mjaltit dhe ujin në një tenxhere. Lëreni të vlojë. Ulni nxehtësinë dhe ziejini për 1 orë.

b) Me një sitë kullojeni që të marrë lëngu i mollës.

c) Kthejeni lëngun e mollës në tenxhere. Shtoni manaferrat goji dhe lërini të ziejnë. Ulni nxehtësinë dhe ziejini për 15 minuta.

d) Shtoni sheqer guri sipas nevojës. Kjo mund të mos jetë e nevojshme nëse mollët janë veçanërisht të ëmbla.

e) Fikni zjarrin. Transferimi në një shtambë. Shërbejeni të ngrohtë ose të ftohtë. Mund të shtoni disa feta mollë në secilën gotë për servirje si garniturë.

SNACKS SUPERUSHQIMI

24. Lëvorja e kosit Açaí Berry

Bën: 6 racione

PËRBËRËSIT:
- Kos grek 26 ons
- $\frac{1}{4}$ filxhan mjaltë
- $\frac{3}{4}$ filxhan çokollatë të ëmbël
- $\frac{1}{2}$ filxhan pekan, të copëtuara
- 2 luleshtrydhe, të prera në feta
- $\frac{1}{2}$ filxhan manaferrat Açaí

UDHËZIME:
a) Vendosni copat e çokollatës në një tas të sigurt për mikrovalë dhe ngrohni për intervale 30 sekondash, duke i trazuar në mes derisa të jenë të lëmuara.

b) Në një tas të madh përzierjeje përzieni kosin grek me mjaltë.

c) Rreshtoni një fletë pjekjeje me letër pergamene ose një silpat.

d) Përhapeni masën e kosit në mënyrë të barabartë në të gjithë fletën e pjekjes.

e) Ndani çokollatën në grumbuj të vegjël në të gjithë lëvoren. Përdorni kruese dhëmbësh për të rrotulluar çokollatën.

f) Sipër i hidhni manaferrat në të gjithë, më pas i hidhni pekanët.

g) Ngrijeni për 2 orë. Pritini lëvoren në copa dhe shërbejeni. Ruani në një enë hermetike në frigorifer deri në 2 muaj.

25. Lëvorja e çokollatës me Goji Berry

Bën: 20 copë

PËRBËRËSIT:

- 12 ons patate të skuqura çokollatë
- 2,5 lugë gjelle pluhur myshku deti
- 1 lugë fara kërpi
- $\frac{1}{2}$ filxhan arra të papërpunuara
- 2 lugë Goji Berries
- $\frac{1}{2}$ lugë çaji kripë deti Himalayan, sipas dëshirës

UDHËZIME:

a) Mblidhni përbërësit. Bëni gati përbërësit në mënyrë që lëvorja e çokollatës të jetë e lehtë për t'u mbledhur.

b) Merrni një tas të madh të sigurt për mikrovalë, shtoni çokollatën dhe më pas shkrini çokollatën në intervale 30 sekondash në mikrovalë, duke e trazuar ndërmjet çdo intervali.

c) Pasi çokollata të jetë shkrirë plotësisht, transferojeni çokollatën në një pjatë të veshur me pergamenë ose në fletë pjekjeje. Përdorni një shpatull për të shpërndarë çokollatën në një shtresë të hollë, të barabartë, rreth $\frac{1}{4}$" të trashë.

d) Shtoni mbi mbushjet.

e) Transferoni pjatën në frigorifer dhe lëreni çokollatën të qëndrojë, e cila duhet të zgjasë rreth 30 minuta.

f) Pasi çokollata të jetë ngurtësuar, mund ta copëtoni në copa sa një kafshatë.

g) Shijoni çokollatën tuaj! Mbajeni lëvoren e mbetur të çokollatës në një enë hermetike në frigorifer deri në një javë.

26. Bomba me yndyrë Goji Berry

Bën: 15

PËRBËRËSIT:
- 1 filxhan vaj kokosi, i shkrirë
- 1 lugë çaji ekstrakt vanilje
- 1 lugë gjelle stevia
- $\frac{1}{2}$ lugë çaji kripë deti
- 4 lugë kakao pluhur
- $\frac{1}{2}$ filxhan gjalpë bajamesh të zbutur
- 2 lugë gjalpë pa kripë, i zbutur
- $\frac{1}{4}$ filxhan arra, të copëtuara
- $\frac{1}{4}$ filxhan manaferrat goji të freskëta

UDHËZIME:
a) Përzieni vajin e kokosit dhe ekstraktin e vaniljes në një përpunues ushqimi derisa të jetë homogjene.

b) Hidhni në stevia dhe kripë. Përzieni pluhurin e kakaos derisa masa të jetë e qetë dhe të mos ketë gunga.

c) Përziejini për 3 minuta pasi të keni shtuar gjalpin e bajames dhe gjalpin konvencional.

d) Përgatitni një tepsi të vogël për kek keku duke i veshur kupat me veshje filxhani prej letre dylli. Mbushni gotat në dy të tretat e plotë dhe sipër me arra dhe goji manaferrat.

e) Ngrijeni për 30 minuta ose derisa përzierja të jetë e fortë. Përgatitni pjatën dhe shërbejeni për mysafirët tuaj.

27. Topa proteinash goji berry

Bën: 12

PËRBËRËSIT:
- 25 data
- 1 filxhan shqeme
- 1 filxhan tërshërë
- ½ filxhan kokrra goji të thata
- 1 limon i plotë

UDHËZIME:
a) Hiqni kokrrat dhe më pas thithini hurmat tuaja për rreth 20 minuta në mënyrë që të zbuten.

b) Ndërkohë qërojmë dhe lëngojmë limonin.

c) Më pas, shtoni të gjithë përbërësit tuaj, përveç kokrrave goji, në një përpunues ushqimi dhe përzieni për t'i kombinuar.

d) Pasi përzierja të jetë ngjitëse, por ende pak e trashë, shtoni manaferrat tuaja goji.

e) Jepini gjithçka një përzierje të shpejtë në procesorin e ushqimit dhe më pas hiqeni përzierjen dhe rrotullojeni në topa të madhësisë së kafshatës.

f) Për pak më shumë, rrokullisni topat në një lëvore limoni ose për një strukturë krokante, provoni t'i rrotulloni në kokos të tharë.

28. Goji Berry dhe lëvorja e çokollatës së bardhë

Bën: 4

PËRBËRËSIT:
- 12 ons patate të skuqura me çokollatë të bardhë
- 3-4 ons Goji Berries
- Spërkatjet e kuqe dhe të bardha

UDHËZIME:
a) Pritini një copë letër pergamene në 8x11''. Vendoseni në një tabaka ose dërrasë prerëse. Vendosni gjysmën e goji berries në mënyrë të barabartë mbi letër pergamene.

b) Vendosni copëzat e çokollatës së bardhë në një filxhan ose enë matëse të sigurt për mikrovalë. Fusni në mikrovalë me hapa prej 45 sekondash, duke e trazuar në mes derisa çokollata të shkrihet. Përndryshe, ju mund të shkrini çokollatën duke përdorur metodën e bojlerit të dyfishtë.

c) Hidhni çokollatën e shkrirë mbi goji manaferrat dhe përdorni një shpatull për të përhapur çokollatën në një shtresë të hollë në skajet e pergamenës. Spërkatni manaferrat e mbetura goji dhe spërkatni sipër. Transferoni në frigorifer që të ftohet plotësisht dhe vendoseni.

d) Pritini në përmasat e dëshiruara dhe shërbejeni.

29. Topat e kokosit Goji Berry

Bën: 15

PËRBËRËSIT:

- 1 filxhan hurma të paketuara, pa koriza
- 1 filxhan kokos të grirë të imët ose mesatarisht të pa ëmbëlsuar
- $\frac{1}{2}$ filxhan shqeme të papërpunuara
- $\frac{1}{2}$ filxhan manaferra goji të thata
- kokos shtesë për lyerje, opsionale

UDHËZIME:

a) Hidhni hurmat në një enë dhe mbulojini me ujë të nxehtë. Lëreni të ziejë për 15 minuta më pas kullojeni mirë.

b) Shtoni kokosin, manaferrat goji dhe shqeme në një përpunues ushqimi dhe përziejini në temperaturë të lartë për rreth 30 sekonda.

c) Shtoni hurmat e kulluara dhe përpunoni në një brumë të thërrmuar.

d) Rrokullisni brumin në 15 topa dhe nëse dëshironi, rrotullojeni në arrë kokosi të grirë. Ruani në frigorifer deri në 7 ditë ose në frigorifer deri në 3 muaj.

30. Trekëndëshat e bajames së kokosit Goji

Bën: 6

PËRBËRËSIT:

- 3 gota bajame të papërpunuara
- $\frac{1}{2}$ filxhan Goji Berries
- 1 filxhan thekon kokosi
- 2 lugë gjelle pluhur Ujë kokosi
- ⅓filxhan mjaltë
- 1 lugë çaji ekstrakt vanilje
- $\frac{1}{4}$ lugë çaji kripë
- ⅓ujë i nxehtë

UDHËZIME:

a) Në një përpunues ushqimi, pulsoni bajamet derisa të jenë të imta. Përzieni pjesën tjetër të përbërësve të thatë dhe pulsoni përsëri. Hidheni në një tas të madh dhe lërini mënjanë.

b) Në një enë tjetër, bashkoni mjaltin, ujin e nxehtë dhe vaniljen. I trazojmë mirë dhe e shtojmë te përbërësit e thatë. Shtoni kanellën dhe kripën dhe përzieni mirë.

c) Vendoseni përzierjen në një enë të madhe pjekjeje dhe me duart tuaja shtypeni në tepsi në mënyrë të barabartë.

d) Lërini shufrat të ftohen në frigorifer për të paktën 30 minuta përpara se t'i prisni në katrorë për t'i shërbyer.

31. Açaí Ball Energy

Bën: 6 racione

PËRBËRËSIT
- 2 lugë gjelle pluhur Açaí
- 1 filxhan gjalpë shqeme të lëmuar
- $\frac{1}{4}$ filxhan shurup panje ose një ëmbëlsues tjetër të lëngshëm të zgjedhur
- $\frac{1}{2}$ filxhan tërshërë të mbështjellë
- $\frac{1}{4}$ filxhan kokos të tharë
- $\frac{1}{2}$ filxhan pluhur proteinash

UDHËZIME
a) në një tas përzieni së bashku gjalpin e shqemit, tërshërën e mbështjellë, pluhurin Açaí, shurupin e pastër panje, kokosin e tharë dhe pluhurin e proteinave
b) pasi të jetë kombinuar plotësisht, hidhni një sasi të grumbulluar lugë gjelle në një kohë dhe shtypni përzierjen fort së bashku në duart tuaja
c) rrotullojeni midis pëllëmbëve për të formuar një top, më pas vendoseni në një tabaka të veshur me letër pergamene
d) Pasi e gjithë përzierja të jetë rrotulluar në toptha, vendoseni në frigorifer për disa orë

32. Bare Açaí

Bën: 10 bare

PËRBËRËSIT
- $\frac{1}{2}$ filxhan arra të papërpunuara
- 1 $\frac{1}{2}$ filxhan tërshërë të mbështjellë
- $\frac{1}{4}$ lugë çaji kripë deti - opsionale
- $\frac{3}{4}$ filxhan hurma të buta Medjool të paketuara, pa koriza - afërsisht 9-10 hurma mesatare
- $\frac{1}{4}$ filxhan fara kërpi
- $\frac{1}{4}$ filxhan pluhur Açaí
- $\frac{1}{4}$ filxhan shurup panje
- 1 lugë çaji ekstrakt vanilje
- $\frac{1}{2}$ filxhan patate të skuqura çokollatë vegane
- $\frac{1}{4}$ filxhan copa kokosi të copëtuara pa sheqer
- $\frac{1}{4}$ filxhan goji berries

UDHËZIME
a) Ngrohni furrën në 350 F. Vini një tavë pjekjeje 8×8 me letër furre.

b) Shtoni arrat në procesorin e ushqimit dhe përpunojini derisa të copëtohen në copa shumë të vogla.

c) Në një fletë pjekjeje të zhveshur, shtoni tërshërën dhe arrat nga procesori i ushqimit.

d) Përdorni duart për t'i përhapur dhe për t'i kombinuar, më pas spërkatni me kripë deti, nëse dëshironi. E pjekim për 10-12 minuta ose derisa të marrin pak ngjyrë kafe. Transferoni në një tas që të ftohet pak.

e) Një tavë pjekjeje e mbuluar me tërshërë dhe arra.

f) Ndërkohë, në përpunuesin e ushqimit, shtoni hurmat, farat e kërpit, pluhurin Açaí, shurupin e panjës dhe vaniljen. Përziejini derisa të kombinohen plotësisht.

g) Hiqni tehun dhe duke përdorur një shpatull, transferojeni përzierjen Açaí në një tas mesatar.

h) Shtoni përzierjen e tërshërës/arrës së thekur në tas dhe bashkojeni me përzierjen Açaí. Përziejini me një lugë derisa të bashkohen plotësisht. Palosni copëzat e çokollatës dhe përzieni që të kombinohen.

i) Transferoni përzierjen në tavën 8×8 dhe shtypeni në mënyrë të barabartë. Përdorni një shpatull për të shtypur fort. Më pas spërkatni manaferrat goji sipër në mënyrë të barabartë dhe shtypni në përzierje, më pas shtoni thekonet e kokosit, duke shtypur fort. Sa më shumë të shtypni, aq më mirë do të qëndrojnë shufrat së bashku.

j) Ngrijeni për 20 minuta që të forcohet. Kur të jetë gati, hiqeni duke kapur skajet e letrës së pergamenës dhe transferojeni në një dërrasë prerëse. Duke përdorur një thikë të madhe, priteni në 10 katrorë.

k) Udhëzimet e ruajtjes: Mbajeni në frigorifer në një enë hermetike deri në 2 javë ose në frigorifer për 2 muaj. Nëse është e ngrirë, shkrijeni në frigorifer gjatë natës.

33. Sheshet e lajthisë Ashwagandha

Bën: 8

PËRBËRËSIT:

- 4 hurma të thata
- 2 kajsi të thata
- 2 lugë mjaltë të papërpunuar
- 8 lajthi
- 8 gjysma arre
- 8 arra shqeme
- 2 lugë kokos të grirë
- 1 lugë gjelle pluhur Ashwagandha
- 1 lugë ekstrakt vanilje
- Majë kripë Himalaje
- 1 lugë çaji fara susami për zbukurim

UDHËZIME:

a) Në një procesor ushqimi, kombinoni të gjithë përbërësit dhe përziejeni derisa të jetë homogjene.

b) Duke përdorur një shpatull, shtrijeni masën në një tepsi të veshur me letër furre.

c) Spërkateni me farat e susamit dhe vendoseni në frigorifer për të paktën gjysmë ore.

d) E nxjerrim nga frigoriferi dhe e presim në katër katrorë.

34. Bare shqeme Ashwagandha

Bën: 16 bare

PËRBËRËSIT:
KORJA
- $\frac{3}{4}$ filxhan kokos të grirë
- 1 $\frac{3}{4}$ filxhan fara luledielli të aktivizuara, të njomura
- $\frac{1}{3}$ filxhan hurma Medjool pa gropa
- 1 lugë çaji kanellë Ceilon
- $\frac{1}{2}$ lugë çaji kripë deti
- 2 lugë vaj kokosi me presion të ftohtë

MBUSHJE
- 2 gota shqeme të papërpunuara, të njomura gjatë natës
- 1 filxhan kokos të grirë
- 1 filxhan kefir kokosi
- $\frac{1}{3}$ filxhan shurup panje, për shije
- $\frac{1}{4}$ lugë çaji fasule vanilje
- 2 lugë gjelle lëng limoni të freskët
- 1 lugë çaji lëvore limoni
- 2 lugë gjelle pluhur Ashwagandha
- $\frac{1}{2}$ lugë çaji kripë deti
- $\frac{1}{2}$ lugë çaji pluhur shafran i Indisë
- $\frac{1}{4}$ lugë çaji piper i zi
- $\frac{1}{4}$ filxhan vaj kokosi

UDHËZIME:
KORJA
a) Në një tenxhere shkrini të gjithë vajin e kokosit.

b) Kombinoni kokosin e grirë, farat e lulediellit, hurmat Medjool, kanellën dhe kripën e detit në një përpunues ushqimi. Pulsoni përzierjen derisa të formohet një thërrime e imët.

c) Spërkateni ngadalë me 2 lugë vaj kokosi të ngrohur. Pulsoni përsëri përbërësit.

d) Hidheni përzierjen e kores në një tavë të shtruar për brownie dhe shtypeni fort dhe në mënyrë të barabartë për të formuar kore.

e) E vendosim në frigorifer.

MBUSHJE

f) Në një përpunues ushqimi, kombinoni shqemet, kokosin e grirë, kefirin, shurupin e panjeve, fasulen e vaniljes, lëngun e limonit, lëkurën e limonit, pluhurin Ashwagandha, kripën e detit, shafranin e Indisë dhe piperin e zi derisa të formohet një grimcë e imët.

g) Ngadalë përzieni vajin/gjalpin e kokosit të shkrirë.

h) Grini mbushjen e qumështit të artë mbi kore me një shpatull dhe shpërndajeni në mënyrë të barabartë.

i) E vendosim kallepin në frigorifer gjatë natës që të forcohet.

j) Nxirreni pjatën nga frigoriferi/frigorieri kur të jeni gati për ta shërbyer.

k) Vendoseni bllokun në një dërrasë të madhe prerëse dhe shkrini për 10 deri në 15 minuta nëse është e nevojshme.

l) E presim në 16 katrorë në mënyrë të barabartë.

m) Shërbejeni menjëherë me thekon kokosi sipër!

35. <u>Gjalpë arra dhe topa kokosi</u>

Bën: 12 topa

PËRBËRËSIT:

- 16 oz. gjalpë lajthie
- $\frac{1}{2}$ filxhan fruta të thata
- $\frac{1}{2}$ filxhan patate të skuqura çokollate gjysmë të ëmbla ose kakao
- $\frac{1}{4}$ filxhan fara chia
- $\frac{1}{4}$ filxhan mjaltë ose shurup agave
- $\frac{1}{4}$ filxhan pluhur Ashwagandha
- $\frac{1}{2}$ lugë çaji pluhur shafran i Indisë
- $\frac{1}{2}$ lugë kanellë të bluar
- Thekon kokosi, mjaftueshëm për t'u veshur

UDHËZIME:

a) Përziejini të gjithë përbërësit derisa të duken si brumë i tharë për biskota.

b) Ndani brumin në topa të vegjël.

c) Lyejini topat me petë kokosi.

d) Lëreni të pushojë për 1 orë në frigorifer që të ngurtësohet.

36. Tartufi hurma

Bën: 8

PËRBËRËSIT:

- 10 hurma, të thara dhe pa kore
- 2 lugë çaji pluhur ashwagandha
- ½ filxhan patate të skuqura çokollatë të errët ose gjysmë të ëmbël
- 1 lugë çaji vaj kokosi, i rafinuar
- Kripë deti dhe farat e susamit për sipër

UDHËZIME:

a) Duke përdorur një blender ose përpunues ushqimi, përzieni hurmat dhe ashwagandha në një pastë. Rrokullisni në topa të vegjël. Nëse ngjitet shumë për formën, vendoseni në frigorifer për 10 minuta. Ndërkohë, ngrohni copat e çokollatës dhe vajin e kokosit në një tigan të vogël mbi nxehtësinë mesatare. Përziejini shpesh.

b) Hidhni topat e hurmës në çokollatë për t'u veshur dhe shpëtojini me një lugë. Vendoseni në një tepsi të veshur me letër furre dhe spërkatni me kripë deti dhe farat e susamit. Ftoheni ose ngrini të ftohet dhe vendoseni çokollatën.

37. <u>Ashwagandha Trail Mix</u>

Bën: 4

PËRBËRËSIT:

- 1 lugë gjelle vaj kokosi
- 1 lugë çaji pluhur qimnoni
- 1 lugë çaji pluhur kardamom
- 1 filxhan rrush të thatë
- 1 filxhan fara kungulli
- 1 lugë fara susami
- 1 lugë çaji pluhur ashwagandha

UDHËZIME:

a) Në një tigan të vogël, ngrohni vajin e kokosit në nxehtësi mesatare-të lartë. Pasi vaji të lëngëzohet, shtoni qimnon dhe kardamom. Ngrohni vajin dhe erëzat për 1 minutë ose derisa të bëhen aromatike.

b) Shtoni rrushin e thatë, farat e kungullit dhe farat e susamit në tigan dhe përzieni që të lyhen në mënyrë të barabartë me vaj dhe barishte.

c) Përziejini herë pas here për 3-5 minuta ose derisa farat të fillojnë të marrin ngjyrë kafe, më pas hiqeni nga zjarri dhe përzieni ashwagandha. Transferoni në letër pergamene dhe shpërndajeni në mënyrë të barabartë që të ftohet.

d) Hani ndërsa jeni ende të ngrohtë për një efekt shtesë tokëzimi.

38. Topa të energjisë pa pjekje

Bën: 4

PËRBËRËSIT:
PËR TOPAT E ENERGJISË:

- $\frac{3}{4}$ filxhan arra të njomura dhe të dehidratuara
- $\frac{3}{4}$ filxhan bajame të njomura dhe të dehidratuara
- 8 hurma me gropë
- $\frac{1}{8}$ filxhan fara chia
- 1-$\frac{1}{2}$ lugë vaj kokosi
- $\frac{1}{4}$ filxhan pluhur kakao
- 1-$\frac{1}{2}$ lugë gjelle mjaltë të papërpunuar
- 1 lugë çaji kanellë të bluar
- 1 lugë çaji ekstrakt vanilje
- 2 lugë maca pluhur
- 2 lugë çaji pluhur ashwagandha
- 2 lugë thumba kakao sipas dëshirës

PËR RROTULLIMIN E TOPAVE TË ENERGJISË NË:

- pluhuri i manave bëhet duke bluar manaferrat e thara në ngrirje
- kokosit të copëtuar pa sheqer
- pluhur kakao

UDHËZIME:

a) Thithni hurmat në ujë të ngrohtë për rreth 10 minuta që të zbuten.

b) Ndërsa hurmat janë duke u njomur, grini bajamet dhe arrat në një përpunues ushqimi.

c) Kullojeni ujin nga hurmat dhe shtoni ato në procesorin e ushqimit. Pulsoni derisa të formohet një konsistencë "si brumë". Shtoni pjesën tjetër të përbërësve dhe pulsoni derisa të kombinohen mirë.

d) Formoni topa. Rrotulloni në pluhur kokrra të kuqe, kokos të grirë ose pluhur kakao nëse dëshironi. Ruani në një enë të mbuluar në frigorifer deri në 4 ditë.

39. <u>Topa të shëndetshëm Ashwagandha</u>

Bën: 4

PËRBËRËSIT:
- ½ filxhan jaggery palme
- ¼ filxhan pluhur organik Ashwagandha
- 3 lugë ghee
- 1 lugë çaji pluhur kardamom
- 1 lugë çaji kanellë pluhur
- 1 lugë gjelle miell gruri

UDHËZIME:
a) Nxehni një tigan me fund të trashë në flakë të ulët deri në mesatare dhe shtoni palma dhe pak ujë. Vazhdoni ta përzieni këtë derisa kërpudhat të shkrihen plotësisht dhe të formojnë një konsistencë të ngjashme me fijet.

b) Tani shtoni pluhur Ashwagandha. Jepini një përzierje të mirë në mënyrë që të kombinohet mirë me jaggery.

c) Në mënyrë të ngjashme, shtoni ghee dhe përsëri përzieni mirë. Gjithashtu, ulni zjarrin dhe shtoni pluhur kardamom dhe miell gruri. Sërish e përziejmë mirë dhe e fikim zjarrin.

d) Ftoheni këtë përzierje të përgatitur për 5 minuta. Kur të jetë ngrohur pak, i jepni formë toptha. Sigurohuni që topat të mos jenë shumë të vegjël dhe jo shumë të mëdhenj. Përafërsisht një ons secila. Shërbejeni ose ruani në një enë ose kavanoz qelqi hermetikisht.

40. Bajame Kakao Ashwagandha

Bën: 3 gota

PËRBËRËSIT

- 3 gota bajame të papërpunuara
- 2 lugë vaj ulliri ekstra të virgjër
- $\frac{1}{4}$ filxhan shurup panje të pastër
- 1 lugë çaji kripë deti

VESHJE

- $\frac{1}{4}$ filxhan sheqer kokosi
- $\frac{1}{4}$ filxhan pluhur kakao të papërpunuar - i ndarë
- 2 lugë çaji pluhur Ashwagandha

UDHËZIME
VESHJE

a)   Në një përpunues ushqimi, shtoni sheqerin, 2 lugë kakao dhe ashwagandha së bashku.

b)   Lërini mënjanë, së bashku me një tas të vogël me 2 lugët e mbetura pluhur kakao.

BAJAME

c)   Ngroheni furrën në 350 gradë.

d)   Shtroni bajamet në një shtresë të vetme në një tepsi të veshur me pergamenë dhe piqini për 10 minuta.

e)   Në një tas mesatar, përzieni vajin, shurupin e panjës dhe kripën.

f)   Kur bajamet të jenë pjekur për dhjetë minuta, shtoni në tasin e lëngut dhe hidhini derisa të mbulohen plotësisht. Përhapni bajamet në mënyrë të barabartë në tepsi.

g) Futeni sërish në furrë për 4 minuta të tjera, përzieni dhe më pas futeni sërish për 4 minuta.

h) Hidhni bajamet së bashku me çdo shurup të karamelizuar që ka mbetur në tas.

i) Përzieni mirë përzierjen e kakaos.

j) Shpërndani në mënyrë të barabartë bajamet në fletën e pjekjes me një fletë të re letre pergamene. Lëreni të ftohet.

k) Me një sitë të vogël dore me rrjetë të imët ose një sitë çaji me rrjetë, pluhurosni bajamet me pluhurin e rezervuar të kakaos ose shkundni ato në një kavanoz.

41. Kafshimet e proteinave të kakaos

Bën: 4

PËRBËRËSIT:

- 1 filxhan tërshërë të thjeshtë të modës së vjetër
- $\frac{1}{2}$ filxhan vanilje ose pluhur të thjeshtë proteinash
- $\frac{1}{2}$ filxhan gjalpë kikiriku kremoz
- 3 lugë mjaltë
- $\frac{1}{4}$ filxhan bajame të kripura të copëtuara
- $\frac{1}{4}$ filxhani thumba kakao
- 1 lugë çaji ekstrakt vanilje
- 1 lugë çaji pluhur ashwagandha

UDHËZIME:

a) Kombinoni të gjithë përbërësit në një tas të mesëm.

b) Rrokullisni në topa; vendoseni në frigorifer për t'u vendosur.

c) Ruani në temperaturën e dhomës ose në frigorifer deri në 1 javë.

42. Lëvorja e çokollatës me mente

Bën: 4

PËRBËRËSIT:

- 1 $\frac{1}{2}$ filxhan kakao
- 1 lugë çaji Rrënja Ashwagandha
- 1 filxhan vaj kokosi
- 1 lugë çaji vanilje
- $\frac{1}{2}$ lugë çaji kanellë
- $\frac{1}{4}$ lugë çaji arrëmyshk
- 2 lugë shurup panje
- 3 shkopinj mente të grira

UDHËZIME:

a) Shtroni një tepsi me letër furre dhe lëreni mënjanë

b) Në një tenxhere të mesme mbi nxehtësinë e ulët, filloni të shkrini vajin e kokosit. Më pas, kombinoni të gjithë përbërësit shtesë dhe përzieni butësisht derisa të jenë të lëmuara (rreth 1 min)

c) Fikni zjarrin dhe transferojeni në fletën tuaj të pjekjes të veshur me pergamenë duke përdorur një shpatull

d) Spërkatni butësisht mentën e grimcuar mbi çokollatë

e) Vendoseni në frigorifer për 3 orë ose gjatë gjithë natës

f) Thyejeni lëvoren në përmasat e dëshiruara. Ruajeni në kavanoza murature ose shërbejeni menjëherë

43. Bare Açaí Maqui Berry

Bën: 16 bare

PËRBËRËSIT
PËR KOREN
- $\frac{3}{4}$ filxhan kokosi pa sheqer
- $\frac{1}{4}$ filxhan miell bajame
- 4 hurma Medjool pa fara
- 2 lugë vaj kokosi
- $\frac{1}{4}$ lugë çaji kripë kosher

PËR ËSHTIRËN
- 2 gota shqeme të papërpunuara, të njomura
- $\frac{1}{2}$ filxhan qumësht kokosi të konservuar me yndyrë të plotë
- $\frac{1}{4}$ filxhan vaj kokosi, i shkrirë dhe i ftohur
- ⅓ filxhan shurup panje të pastër
- $\frac{1}{4}$ filxhan lëng limoni të freskët
- $\frac{1}{4}$ filxhan Açaí Maqui Berry Mix
- Boronica për zbukurim

UDHËZIME
a) Rrini një tepsi 8×8" me letër pergamene dhe lyeni me vaj kokosi. Le menjane.

b) Shtoni kokosin, miellin e bajameve, hurmat pa kokrra, vajin e kokosit dhe kripën në një përpunues ushqimi ose blender me fuqi të lartë dhe grijeni pluhur derisa të bashkohet në një lloj brumi ngjitës, me copa të vogla të mbetura. Mos e teproni, përndryshe do të kthehet në gjalpë arrash! Shtypni brumin e hurmës në mënyrë të barabartë përgjatë fundit të tavës së përgatitur.

c) Në të njëjtin procesor ushqimi ose blender me fuqi të lartë, kombinoni të gjithë përbërësit e mbushjes dhe përzieni për 2-3 minuta, ose derisa përzierja të jetë e butë dhe kremoze. Gruajini anët sipas nevojës.

d) Pasi të jetë e lëmuar, shijoni përzierjen dhe rregulloni nivelet e ëmbëlsisë/thithjes, nëse dëshironi.

e) Derdhni mbushjen në tavën e përgatitur mbi kore. Zbutni pjesën e sipërme dhe trokisni fort tavën kundër banakut disa herë për të lëshuar çdo flluskë ajri.

f) Vendoseni në një sipërfaqe të sheshtë në frigorifer që të forcohet për të paktën 3 orë para prerjes. Unë rekomandoj ta fusni thikën nën ujë të nxehtë për ta ngrohur përpara se të prisni shufrat me thikën ende të nxehtë. Lërini të shkrijnë në temperaturën e dhomës për 10-15 minuta përpara se t'i shërbeni.

g) Mbetjet e mbetura ruhen të mbështjella fort në frigorifer.

44. Çokollatë AÇAÍ Bites Tartufi

Bën: 6 racione

PËRBËRËSIT
- $\frac{1}{2}$ Pure Açaí
- $\frac{1}{4}$ filxhan vaj kokosi, i shkrirë
- $\frac{1}{2}$ filxhan Medjool Dates gropa janë hequr
- $\frac{1}{4}$ filxhan fara kërpi
- 2 lugë gjelle pluhur kakao
- 2 lugë mjaltë
- Majë salcë çokollate për rrotullim

PALLAT:
- Pjalm blete
- Thekon kokosit
- Nibs kakao
- Pluhur kajene

UDHËZIME:
a) Në një përpunues ushqimi, kombinoni açaín, vajin e kokosit, hurmat, thekonet e kokosit, farat e kërpit, pluhurin e kakaos, mjaltin dhe kripën.

b) Vendoseni përzierjen në një tas, mbulojeni dhe ftohuni për të paktën një orë. Pasi përzierja juaj të jetë ngurtësuar, hiqni topa me madhësi një lugë çaji. Rrotulloni çdo top në salcë çokollate. Sigurohuni që të jenë plotësisht të mbuluara dhe më pas lërini mënjanë të forcohen.

c) Përpara se çokollata të mpikset plotësisht, spërkateni atë me mbushjet tuaja.

45. Banane të mbuluara me çokollatë Açaí

Bën: 6 racione

PËRBËRËSIT
- $\frac{1}{2}$ Pure Açaí
- Banane të ngrira, të qëruara dhe të ngrira
- 1 bar çokollatë e zezë vegane
- Kripë deti
- Ekstrakt vanilje
- Vaji i kokosit

UDHËZIME:
a) Për të bërë salcën e çokollatës: Duke përdorur një kazan të dyfishtë, ngrohni copat e çokollatës, vajin, kripën, vaniljen dhe paketimin Açaí. Mund t'ju duhet të shtoni pak vaj shtesë, por vazhdoni të përzieni vazhdimisht në mënyrë që asgjë të mos digjet.

b) Për të bërë bananet: Rrini një fletë pjekjeje me letër pergamene dhe nxirrni bananet tuaja të ngrira nga ngrirja. Mund t'i rrotulloni në çokollatë ose t'i përhapni me thikë salcën e ngrohtë të çokollatës. Pasi të jenë zhytur në çokollatë, shtoni mbushjet tuaja dhe më pas vendosini në frigorifer që të forcohen. Lëreni të ngrijë për të paktën një orë.

46. <u>Butternut Crostini me Açaí Drizzle</u>

Bën: rreth 16 crostini

PËRBËRËSIT:
- 1 kungull me gjalpë mesatare, të qëruar, me fara dhe të prera në kubikë $\frac{1}{2}$ inç
- 2 lugë vaj ulliri ekstra të virgjër, plus më shumë për spërkatje
- ⅓ filxhan lajthi të thekura, të prera përafërsisht
- $\frac{1}{2}$ Pure Açaí
- 2 luge uthull balsamike
- 1 bagutë, e prerë në copa të trasha 1 inç
- Qiqra të freskëta të copëtuara, për zbukurim

UDHËZIME:
a) Ngrohni furrën në 400 gradë F.

b) I hedhim kungullin me gjalpë me 2 lugë vaj ulliri dhe i rregullojmë me kripë dhe piper të zi. Përhapeni në mënyrë të barabartë në një tepsi të madhe dhe piqini për 20 minuta, duke i hedhur përgjysmë, derisa kungulli të jetë i butë dhe i karamelizuar lehtë.

c) Ndërkohë, në një tenxhere të vogël bashkojmë Açai-n, balsamikun dhe pak kripë. Lëreni të ziejë dhe gatuajeni derisa të trashet shumë, rreth 20 minuta.

d) Kur kungujt të jenë gati, spërkatni pak me vaj ulliri baguetën dhe skuqeni në furrë të nxehtë. Kur të jetë gati, sipër çdo buke hidhni një lugë kungull me gjalpë, spërkatni me lajthi dhe spërkatni me salcë Açaí-balsamike. E zbukurojmë me qiqra dhe e shërbejmë.

LASAT E SUPERUSHQIMIT

47. Açaí Bowl me mikrogjelbërime lakër

Bën: 2 Kupa Açaí

PËRBËRËSIT:
- $\frac{1}{2}$ filxhan me mikrozarzavate me lakër
- 1 banane e ngrirë
- 1 filxhan manaferra të kuqe të ngrira
- 4 lugë gjelle pluhur Açaí
- $\frac{3}{4}$ filxhan qumësht bajame ose kokosi
- $\frac{1}{2}$ filxhan kos të thjeshtë grek
- $\frac{1}{4}$ lugë çaji ekstrakt bajame

GARNITURË:
- Thekon kokosi të pjekura
- Fruta të freskëta si feta pjeshke, boronica, mjedra, manaferra, luleshtrydhe ose qershi.
- Granola ose arra/fara të thekura
- Rrijë me mjaltë

UDHËZIME:
a) Përzieni qumështin dhe kosin në një blender të madh me shpejtësi të lartë. Shtoni frutat e ngrira Açaí, mikrokulturat e lakrës dhe ekstraktin e bajames. Vazhdoni të përzieni në temperaturë të ulët derisa të jetë e qetë, vetëm duke shtuar lëng shtesë nëse është e nevojshme. Duhet të jetë i trashë dhe kremoz, si akullorja!

b) Ndani smoothie-n në dy tasa dhe mbi të me të gjitha mbushjet tuaja të preferuara.

48. Açaí Bowl me arra Brazili

Bën: 1 porcion

PËRBËRËSIT:
- $\frac{1}{2}$ filxhan arra braziliane
- 2 kajsi, të njomura
- $1\frac{1}{2}$ filxhan ujë
- 1 lugë gjelle pluhur Açaí
- $\frac{1}{4}$ filxhan manaferra, të ngrira
- 1 majë kripë

UDHËZIME:
a) Përzieni arrat braziliane në ujë dhe kullojini përmes një sitë teli.

b) Përziejini me të gjithë përbërësit e tjerë.

49. Kupat e mëngjesit me quinoa kokosi

Bën: 4

PËRBËRËSIT:
- 1 lugë gjelle vaj kokosi
- 1½ filxhan quinoa e kuqe ose e zezë, e shpëlarë
- Kanaçe 14 ons qumësht kokosi të lehtë pa sheqer, plus më shumë për servirje
- 4 gota ujë
- Kripë e imët e detit
- lugë mjaltë, agave ose shurup panje
- 2 lugë çaji ekstrakt vanilje
- kos kokosi
- Boronica
- Manaferrat Goji
- Fara kungulli të thekura
- Thekon kokosi të pjekura pa sheqer

UDHËZIME:

a) Ngrohni vajin në një tenxhere mbi nxehtësinë mesatare. Shtoni kuinoan dhe bukën e thekur për rreth 2 minuta, duke i përzier shpesh. Përziejeni ngadalë kavanozin me qumësht kokosi, ujin dhe pak kripë. Quinoa do të fryjë dhe do të shpërthejë në fillim, por do të qetësohet shpejt.

b) Lëreni të vlojë, më pas mbulojeni, ulni zjarrin në minimum dhe ziejini derisa të arrijë një konsistencë të butë dhe kremoze, rreth 20 minuta. Hiqeni nga zjarri dhe përzieni mjaltin, agavenë, shurupin e panjës dhe vaniljen.

c) Për ta servirur, ndajeni kuinoan midis tasave. Sipër shtoni qumësht kokosi shtesë, kos kokosi, boronica, manaferrat goji, farat e kungullit dhe thekonet e kokosit.

50. Kunguj Goji Bowls

Bën: 4

PËRBËRËSIT:
- 2 kunguj lisash mesatarë
- 4 lugë çaji vaj kokosi
- 1 lugë gjelle shurup panje ose sheqer kaf
- 1 lugë çaji garam masala
- Kripë e imët e detit
- 2 gota jogurt të thjeshtë grek
- Granola
- Manaferrat Goji
- Arilët e shegës
- Pecans të copëtuara
- Fara kungulli të thekura
- Gjalpë arrash
- Farat e kërpit

UDHËZIME:
a) Ngrohni furrën në 375°F.

b) Pritini kungujt në gjysmë nga kërcelli deri në fund. Hiqni dhe hidhni farat. Lyejeni mishin e secilës gjysmë me vaj dhe shurup panje, dhe më pas spërkateni me garam masala dhe pak kripë deti. Vendosni kungujt në një fletë pjekjeje të prerë poshtë. Piqni derisa të jetë i butë, 35 deri në 40 minuta.

c) Kthejeni kungujt dhe ftohuni pak.

d) Për t'i shërbyer, mbushni çdo gjysmë kungulli me kos dhe granola. Sipër hidhni kokrra goji, aril shege, arra dhe fara kungulli, spërkatni me gjalpë arrash dhe spërkatni me farat e kërpit.

51. Tas me kos me superushqim

Bën: 4

PËRBËRËSIT:
- 1 filxhan jogurt grek
- 1 lugë çaji pluhur kakao
- $\frac{1}{2}$ lugë çaji vanilje
- Farat e shegës
- Farat e kërpit
- Farat Chia
- Manaferrat Goji
- Boronica

UDHËZIME:
a) Kombinoni të gjithë përbërësit në një tas.

52. Açaí Bowl me banane dhe kokos

Bën: 2 Kupa Açaí

PËRBËRËSIT
- $\frac{3}{4}$ filxhan lëng molle
- $\frac{1}{2}$ filxhan kos kokosi
- 1 banane
- 2 gota manaferra të përziera të ngrira
- 150 g Pure Açaí të ngrirë

PALLAT:
- Luleshtrydhet
- Banane
- Granola
- Thekon kokosit
- Gjalp kikiriku

UDHËZIME:
a) Në blenderin tuaj, shtoni lëngun e mollës dhe kosin e kokosit.

b) Shtoni pjesën tjetër të përbërësve dhe mbyllni kapakun. Zgjidhni variablin 1 dhe rriteni ngadalë në variablin 10. Përdorni tamperin për t'i shtyrë përbërësit në tehe dhe përzieni për 55 sekonda ose derisa të bëhen të lëmuara dhe kremoze.

53. Açaí Smoothie Bowl me Qershi

Bën: 2 Kupa Açaí

PËRBËRËSIT
- 4 lugë kos kokosi
- $\frac{1}{2}$ filxhan Açaí të ngrirë me lugë
- 2 banane, të freskëta ose të ngrira
- $\frac{1}{2}$ filxhan Qershi të ngrira
- 1 cm copë Xhenxhefil të freskët

PALLAT:
- Gjalpë shqeme
- kos kokosi
- Fig, i prerë në feta
- Copa të çokollatës së zezë
- Boronica
- Qershitë

UDHËZIME:
a) Fillimisht shtoni kosin tuaj të kokosit përpara se të shtoni pjesën tjetër të përbërësve në enën e blenderit dhe sigurojeni kapakun.

b) Përziejini në temperaturë të lartë për 55 sekonda derisa të bëhen kremoze. Hidheni në tasin tuaj të preferuar të kokosit, shtrojini sipër mbushjeve dhe shijoni!

54. Tas Açaí me myshk deti

Bën: 4 porcione

PËRBËRËSIT:

- Myshk deti
- Pure me kokrra të kuqe Açaí
- $\frac{1}{2}$ filxhan granola
- 2 lugë gjelle pluhur maca
- 2 lugë gjelle pluhur kakao
- 1 lugë gjelle gjalpë bajame
- Fruta sipas zgjedhjes suaj
- kanellë

UDHËZIME:

a) Përziejini përbërësit tuaj dhe shtoni disa fruta të freskëta sipër.

b) Kënaquni.

55. AÇAÍ Mango Macadamia Bowl

Bën: 2 porcione

PËRBËRËSIT:
- $\frac{1}{2}$ Pure Açaí
- 1 Banane e ngrirë
- $\frac{1}{2}$ filxhan mango të ngrirë
- $\frac{1}{4}$ filxhan qumësht arra Macadamia
- Një grusht shqeme
- 2 degëza mente
- Mbushje: Mango e prerë, banane të prera në feta, feta kokosi të thekura

UDHËZIME:
a) Përziejini të gjithë përbërësit, sipër dhe shijoni tasin tuaj mango macadamia Açaí!

56. Tas jeshil AÇAÍ me fruta dhe manaferra

Bën: 2 porcione

PËRBËRËSIT:
- $\frac{1}{2}$ Pure Açaí
- $\frac{1}{8}$ filxhan qumësht kërpi me çokollatë
- $\frac{1}{2}$ banane
- 2 lugë gjelle pluhur proteine kërpi
- 1 lugë çaji Maca
- Mbushjet: Fruta të freskëta të stinës, farat e kërpit, banane e freskët, manaferrat e artë. Manat e bardha, Goji Berries, Kivi

UDHËZIME:
a) Vendosni gjithçka në blender, përziejeni derisa të trashet vërtet – duke shtuar më shumë lëng nëse është e nevojshme – më pas hidheni në një tas.
b) Sipër shtoni fruta dhe çdo gjë tjetër që ju pëlqen!

57. Tas AÇAÍ Vitamin Boost

Bën: 2 porcione

PËRBËRËSIT:
- $\frac{1}{2}$ Pure Açaí
- 1 filxhan boronica
- $\frac{1}{2}$ avokado e pjekur
- 1 filxhan ujë kokosi ose qumësht jo qumështor
- $\frac{1}{2}$ filxhan jogurt jo qumështor
- 1 lugë gjelle gjalpë arra
- 1 luge vaj kokosi

UDHËZIME:
a) Hidhini të gjitha në një blender dhe shijojeni.
b) Nëse dëshironi ta bëni një tas: shtoni më shumë pure Açaí dhe një banane të ngrirë.
c) Përziejini derisa të trashet, hidheni në një tas dhe sipër me frutat e freskëta të preferuara.

SALATA SUPERUSHQIMI

58. Sallatë frutash me Açaí Berry-Quark

Bën: 2 porcione

PËRBËRËSIT:

- 1 mollë
- 1 banane
- 4 Kivi
- 200 gram manaferra të freskëta
- 200 gram rrush pa fara
- 100 gram Kuark
- 1 lugë mjaltë
- 1 lugë gjelle pluhur manaferra Açaí

UDHËZIME:

a) Shpëlajini mollët, lajini, thelbin dhe prisni në copa. Qëroni dhe prisni bananen në feta. Qëroni dhe çerek kivit për së gjati. Pritini kivit në copa. Shpëlajini manaferrat dhe thajini. Shpëlajeni rrushin dhe përgjysmoni nëse është i madh. Përziejini frutat dhe ndajini mes tasave.

b) Përziejeni kuarkun me mjaltë dhe pluhurin e manaferrave Açaí derisa të jenë të lëmuara. Mbi çdo sallatë frutash hidhni një copë kuarku me shije dhe zbukurojeni me susam të brishtë, nëse dëshironi.

59. Sallatë mango dhe avokado me Vinaigrette Açai Berry

Bën: 4 racione

PËRBËRËSIT:

- $\frac{1}{2}$ filxhan Lëng i përzier Berry Açaí
- $\frac{1}{4}$ filxhan vaj ulliri
- $\frac{1}{4}$ filxhan uthull balsamike
- 2 lugë ujë
- 1 lugë gjelle mustardë e stilit Dijon
- 1 thelpi hudhër, të grirë
- $\frac{1}{8}$ lugë çaji piper i zi i bluar
- 6 gota marule rome të copëtuara
- 1 mango mesatare, e qëruar, e prerë dhe e prerë në feta
- $\frac{1}{2}$ avokado mesatare, me fara, pa kore dhe feta

UDHËZIME:

a) Rrihni lëngun, vajin, uthullën, ujin, mustardën, hudhrën dhe piperin e zi në një tas mesatar me një kamxhik ose pirun.

b) Ndani marulen në 4 tas sallate. Sipër hidhni feta mango dhe avokado.

c) Hidhni 2 lugë gjelle vinegrette mbi çdo sallatë. Shërbejeni menjëherë.

60. Sallatë jeshile me salcë Açaí Berry

Bën: 3-4 porcione

PËRBËRËSIT:

VESHJE AÇAÍ BERRY

- Pako 100 gram Açaí pa sheqer, në temperaturë dhome
- ¼ filxhan vaj kokosi
- ¼ filxhan uthull molle
- 2 lugë mjaltë
- 1 lugë fara chia
- 1 lugë çaji kripë deti

SALLATË

- 2 gota lakër jeshile të prera hollë
- 2 gota lakër napa të prera hollë
- 1 filxhan zarzavate luleradhiqe të prera hollë
- 1 filxhan lakër të kuqe të prerë hollë
- ½ filxhan borzilok i prerë hollë
- ½ filxhan panxhar të grirë
- ½ filxhan karota të grira
- ½ filxhan fara kungulli të thekura
- Lakër luledielli

UDHËZIME:

a)Për të bërë salcën Açaí Berry: Përziejini të gjithë përbërësit në një përpunues ushqimi ose blender derisa të jenë të lëmuara.

b)Vendoseni kale në një tas të madh. Hidhni disa lugë gjelle mbi lakër jeshile dhe masazhoni për t'u lyer. Shtoni të gjitha perimet e tjera në tas dhe spërkatini me salcë shtesë sipas dëshirës. Spërkateni mbi farat dhe filizat e kungullit dhe hidhini për t'u kombinuar. Shijoni ushqimin!

61. Sallatë verore me Açaí Vinaigrette

Bën: 2 porcione

PËRBËRËSIT:
SALLATË:
- Zarzavate të përziera sipas zgjedhjes suaj

PALLAT:
- Manaferrat e freskët
- Bajame ose arra të grira
- Qepë të kuqe të prera në feta, tranguj
- Djathë feta

VESHJA:
- ⅔ filxhan vaj ulliri
- ¼ filxhan uthull molle
- 2 lugë Sari Foods Organic Açaí Powder
- 2 lugë gjelle nektar agave, ose shurup panje
- ½ lugë çaji kripë deti
- ½ lugë çaji piper i zi i bluar
- ¼ lugë çaji kanellë të bluar 1 lugë çaji mustardë Dijon

UDHËZIME:
a) Kombinoni të gjithë përbërësit e salcës në një blender dhe përziejini lart për t'u emulsifikuar. Përndryshe, përzieni fuqishëm me dorë në një tas mesatar. Përzieni sallatën tuaj dhe mbushjet në një tas të madh, hidheni me salcë dhe shijojeni!

b) Veshja do të ruhet për disa javë, e mbuluar dhe e vendosur në frigorifer.

62. Chard Rainbow me Goji Berries dhe Fistik

Bën: 4 racione

PËRBËRËSIT:
- 2 luge vaj ulliri
- 1 qepë e vogël e kuqe, e grirë
- 2 thelpinj hudhre, te grira
- 1 tufë drithë ylber, e grirë hollë
- Kripë dhe piper i zi i sapo bluar
- 1/3 filxhan goji berries
- 1/3 filxhan fëstëkë të pakripur me lëvozhgë

UDHËZIME:
a) Në një tigan të madh, ngrohni vajin mbi nxehtësinë mesatare. Shtoni qepën, mbulojeni dhe gatuajeni derisa të zbutet, rreth 5 minuta. Shtoni hudhrën dhe gatuajeni, duke e trazuar, të zbutet për 30 sekonda.

b) Shtoni drithin dhe gatuajeni, duke e trazuar derisa të zbehet, 3 deri në 4 minuta. Spërkateni me kripë dhe piper për shije dhe gatuajeni, pa mbuluar, duke e përzier herë pas here, derisa të zbuten, rreth 5 deri në 7 minuta.

c) Shtoni manaferrat goji dhe fëstëkët dhe hidhini për t'u kombinuar. Shërbejeni menjëherë.

63. Sallatë me agrume me avokado Goji

Bën: 4 racione

PËRBËRËSIT:
- 4 gota marule zarzavate
- 1 avokado, e prerë në feta
- 1 portokall, i qëruar, i prerë në feta
- $\frac{1}{2}$ filxhan arra
- $\frac{1}{2}$ filxhan goji manaferra të freskëta ose të thata

VESHJA
- 1 lugë gjelle vaj ulliri ekstra të virgjër
- $\frac{1}{2}$ limon, me lëng
- $\frac{1}{4}$ lugë çaji kripë deti
- $\frac{1}{4}$ lugë çaji kokrra piper të sapokrisur

UDHËZIME:
a) I përzieni, spërkatni me salcë dhe shërbejeni!

64. Goji me salcë Aloe Vera

Bën: 4 racione

PËRBËRËSIT:
- $\frac{1}{4}$ filxhan lëng Aloe Vera
- Lëng nga 1 lime
- $\frac{1}{2}$ filxhan Goji Berries
- 2 lugë gjelle Arils shegë të thata në ngrirje
- Rrush, mollë, boronica, luleshtrydhe ose fruta të freskëta që ju zgjidhni

UDHËZIME:
a) Pritini të gjitha frutat në copa dhe vendosini në një tas për servirje.
b) Shtoni të gjithë përbërësit e tjerë, përzieni me kujdes dhe shërbejeni!

65. Sallatë vjeshte me Goji Berries

Bën: 4-6

PËRBËRËSIT
PËR Sallatën:
- 1 pako 5 oz Baby Spinaq
- 5 oz djathë feta shkërmoqet
- $\frac{3}{4}$ filxhan gjysma të pekanit
- 1 Mollë jeshile Granny Smith e prerë në feta dhe me bërthamë
- Pako 2 oz me Goji Berries

PËR VESHJE:
- $\frac{1}{4}$ filxhan EVOO
- $\frac{1}{4}$ filxhan uthull molle
- $\frac{1}{4}$ filxhan mjaltë
- $\frac{1}{4}$ lugë çaji kripë deti
- $\frac{1}{4}$ lugë çaji Piper

UDHËZIME
a) Në një tas të madh sallatë shtoni spinaqin dhe sipër me feta, pekan, mollë dhe goji manaferra.

b) Në një kavanoz të vogël qelqi shtoni EVOO, uthull molle, mjaltë, kripë dhe piper.

c) Vendosni kavanozin me kapak dhe tundeni fort derisa të përzihet.

d) Hidh dressing mbi sallatë.

e) Kënaquni!

66. <u>Sallatë me salmon, asparagus dhe goji berry</u>

Bën: 4 racione

PËRBËRËSIT
- $\frac{3}{4}$ filxhan grurë të plasaritur
- 2 fileto salmon pa lëkurë
- 2 tufa asparagus, të prera
- $\frac{1}{4}$ filxhan gjethe të freskëta nenexhik
- 1 lugë gjelle qiqra të freskëta të grira
- 2 lugë gjelle goji berries
- 2 lugë çaji lëkurë limoni të grirë imët
- 1 lugë gjelle lëng limoni
- 2 lugë çaji vaj ulliri ekstra të virgjër
- 60 g gjethe rakete bebe

UDHËZIME
a) Vendosni grurin e plasaritur në një tas të madh rezistent ndaj nxehtësisë. Hidhni mbi ujë të vluar aq sa të mbulohet. Lëreni mënjanë të zhyten për 20 minuta. Kullojeni dhe shtrydhni çdo lagështi të tepërt, duke e shtypur me pjesën e pasme të një luge. Transferoni në një tas të madh.

b) Ngrohni paraprakisht një skarë të lartë. Spërkatni lehtë salmonin dhe shpargujt me vaj ulliri.

c) Grijeni salmonin në skarë për 2-3 minuta nga secila anë për mesatare ose derisa të gatuhet sipas dëshirës tuaj.

d) Grijini shpargujt në skarë për 1-2 minuta nga secila anë ose derisa të zbuten.

e) Transferoni në një pjatë. Lëreni mënjanë të ftohet pak.

f) Lyejeni salmonin në copa të mëdha. Pritini shpargujt në copa 5 cm.

g) Shtoni shpargujt, nenexhikun, qiqrat, manaferrat goji, lëkurën e limonit, lëngun e limonit, vajin dhe raketën në tasin me grurin e plasaritur.

h) Spërkateni dhe hidheni butësisht për t'u kombinuar. Ndani në pjata për servirje dhe sipër me salmon.

67. Sallatë viçi me kokrra turshi Goji

Bën: 4

PËRBËRËSIT:

- 2 biftekë me sy brinjë
- Salcë shqeme

PËR MARINAD:

- Lëkura e 2 lime
- 3 lugë gjelle lëng limoni
- 2 thelpinj hudhre, te grira
- 1 lugë gjelle xhenxhefil të sapo grirë
- 1 lugë mjaltë
- 2 lugë çaji salcë peshku
- 1 lugë gjelle vaj susami të thekur
- 2 lugë vaj vegjetal

PER KOBERT GOJI TURISHTE:

- 3 lugë gjelle uthull molle, të ngrohur
- 2 lugë çaji mjaltë
- $\frac{1}{2}$ lugë çaji kripë të imët
- $\frac{1}{3}$ filxhan manaferrat Goji

PËR Sallatën:

- 4 mini kastraveca, të prera hollë
- 1 lakër e vogël vjollcë, e grirë
- 1 lakër e vogël jeshile, e grirë
- 2 karota, të qëruara dhe të rruara hollë
- 4 qepë, të prera hollë
- 1 djegës i kuq, fara të grira dhe të prera imët
- $\frac{1}{2}$ filxhan nga secila, nenexhik i freskët, koriandër dhe borzilok
- 2 lugë fara të thekura të susamit, për të përfunduar
- $\frac{1}{4}$ lugë çaji thekon djegës të kuq të tharë

UDHËZIME:

a)Për marinadën, vendosni të gjithë përbërësit në një tas të vogël dhe rrihni të bashkohen.

b)Vendosni biftekët në një enë jo reaktive. Hidhni mbi gjysmën e marinadës. Mbulojeni dhe vendoseni në frigorifer të marinohet për disa orë. Mbani marinadën e rezervuar për të veshur sallatën.

c)Për manaferrat goji turshi, kombinoni të gjithë përbërësit në një tas. Lërini mënjanë për 30 minuta që të macerojnë.

d)Sillni biftekët e marinuar në temperaturën e dhomës përpara se t'i grini në skarë. Ngrohni një skarë të cekët Le Creuset 30 cm me firmë prej gize derisa të nxehet. Ziejini biftekët në temperaturë mesatare-të lartë për 3-4 minuta. Kthejeni dhe gatuajeni edhe për 3 minuta të tjera, ose derisa të bëhet sipas dëshirës tuaj. Pushoni për 5-7 minuta përpara se të prisni feta.

e)Vendosni të gjithë përbërësit e sallatës, përveç farave të susamit, në një tas të madh. Shtoni marinadën e rezervuar dhe hidheni lehtë të lyhet. Transferoni sallatën në një pjatë servirjeje. Rregulloni biftekun e prerë në sallatë. Shpërndani me farat e susamit dhe së bashku shërbejeni dressing me shqeme.

SUPER SUPER USHQIMI

68. Supë me pulë, xhenxhefil dhe goji berry

Bën: 3 litra

PËRBËRËSIT:

- 1 pulë
- ujë, rreth 8-12 gota
- Copë 4 inç xhenxhefil e përgjysmuar në mënyrë të kryqëzuar dhe gjatë
- 5 thelpinj hudhre te medha, te shtypura
- 1 qepë mesatare, e përgjysmuar
- kripë
- aminoacidet e kokosit
- 1 lugë gjelle pluhur xhelatine pa aromë
- 1-2 lugë gjelle kripë
- 6 karota, të qëruara dhe të prera në feta $\frac{1}{2}$ inç të trashë
- 1 kungull delicata, të qëruara dhe të prera në kubikë
- $\frac{1}{2}$ filxhan manaferra goji të thata
- 2 gota oriz të bardhë, të zier

UDHËZIME:

a) Sillni pulën dhe ujin të ziejnë me qepën, hudhrën dhe xhenxhefilin.

b) Ulni zjarrin në një zjarr të ulët dhe gatuajeni për 1-2 orë ose derisa pula të shkëputet lehtësisht nga kocka.

c) Hiqeni pulën nga tenxherja. Duke përdorur një sitë ose një merimangë, peshkoni hudhrën, xhenxhefilin dhe qepën.

d) Përziejmë xhelatinën me kripën dhe këtë masë e shtojmë në lëngun e mishit.

e) Shtoni rreth 2 lugë gjelle me aminoacidet e kokosit.

f) Shtoni karotat, kungujt dhe goji manaferrat dhe ziejini për 20-30 ose derisa të gjitha perimet të zbuten.

g) Ndërsa zihen perimet, hiqni pulën nga kockat. Pritini mishin.

h) Shtoni pulën në supë dhe hiqeni nga zjarri.

i) Shërbejeni me oriz të bardhë të zier.

69. Supë derri me Goji & Daikon

Bën: 4

PËRBËRËSIT:

- $\frac{1}{2}$ kile brinjët e pasme të foshnjës, të prera në copa të madhësisë së një kafshimi
- 1 daikon mesatar, i prerë në copa të mëdha
- 3 feta xhenxhefil
- një grusht goji berries
- $\frac{1}{2}$ lugë çaji uthull kineze
- kripë për shije
- një prekje piper i bardhë për shije
- 2 kërcell qepë jeshile, të grira për sipër

UDHËZIME:

a) Mbyllni brinjët e derrit me ujë të ftohtë në një tenxhere, vendosini të ziejnë në zjarr mesatar dhe ziejini për disa minuta derisa brinjët e derrit të kenë ndryshuar ngjyrë, hidhni ujin, shpëlajini me ujë të rrjedhshëm, kullojini mirë dhe lërini mënjanë.

b) Në një tenxhere qeramike ose në një furrë holandeze, shtoni brinjë derri, daikon, xhenxhefil dhe 4 gota ujë.

c) Lëreni të vlojë në nxehtësi të lartë, kthejeni në zjarr të ulët dhe ziejini për rreth 35 minuta me kapak.

d) I rregullojmë me uthull kineze, kripë dhe piper të bardhë dhe i përziejmë që të përzihen mirë.

e) Shtoni kokrrat goji dhe ziejini për 5 minuta të tjera para se t'i hiqni nga zjarri.

f) Spërkateni sipër qepës së gjelbër të freskët të copëtuar për ta shërbyer.

70. Supë me spinaq me Goji

Bën: 4 racione

PËRBËRËSIT:
- 3 thelpinj hudhra te grira
- Preferohet 4 gota lëng perimesh me natrium të ulët
- $\frac{1}{8}$ filxhan goji berries
- 7 oz spinaq kinez
- 1 $\frac{1}{2}$ lugë gjelle verë Shaoxing
- 2 lugë salcë soje ose për shije

UDHËZIME:
a) Ngrohni një lugë gjelle ose më shumë vaj me shije neutrale në një tenxhere hollandeze furrë/supë. Pasi tenxherja të jetë nxehur, vendoseni në hudhër dhe kaurdiseni për 1-2 minuta derisa të marrë aromë.

b) Më pas, shtoni lëngun e perimeve dhe manaferrat goji. Lëreni përzierjen të vlojë, më pas uleni nxehtësinë në një zierje të lehtë. Gatuani, të mbuluar për 5 minuta.

c) I përziejmë spinaqin dhe i kaurdisim derisa të jenë tharë për rreth 2-3 minuta.

d) Në fund, shtoni verën Shaoxing dhe gjysmën e salcës së sojës. Jepini një shije dhe shtoni më shumë salcë soje, nëse është e nevojshme.

71. <u>Supë me thjerrëza të kuqe me goji manaferra</u>

Bën: 2 racione

PËRBËRËSIT:

- $\frac{1}{2}$ ons kokrra goji, të njomur
- 1 karotë, e prerë
- 1 qepe, e prerë
- Copë 1 inç xhenxhefil, e grirë
- 1 thelpi hudhër, e grirë
- $\frac{3}{4}$ lugë çaji pluhur kerri
- $\frac{3}{4}$ filxhan thjerrëza të kuqe
- $\frac{1}{2}$ filxhan qumësht kokosi
- Një tufë e vogël cilantro, e copëtuar
- 1 gëlqere

UDHËZIME

a) Ngroheni furrën në 350°F.

b) Në një tenxhere me 4 litra, ngrohni 2 lugë vaj ulliri në nxehtësi mesatare derisa të nxehet, por të mos pihet duhan.

c) Shtoni qepujt dhe karotat në tigan, rregulloni me kripë dhe ziejini derisa të zbuten, rreth 5 minuta.

d) Shtoni hudhrën, xhenxhefilin dhe pluhurin e kerit dhe gatuajeni derisa të ketë aromë, rreth 30 sekonda.

e) Shtoni thjerrëzat dhe 3 gota ujë dhe ziejini derisa thjerrëzat të zbuten dhe të copëtohen për rreth 10 minuta.

f) Shtoni gjysmën e qumështit të kokosit dhe gjysmën e cilantros në supë dhe e shijoni me kripë dhe piper.

g) Hidheni supën në tasa për servirje.

h) Hidhni qumështin e mbetur të kokosit, lëkurën e limonit dhe lëngun e mbetur.

i) Zbukuroni me cilantron e mbetur dhe manaferrat goji.

72. Karkaleca e dehur me Goji Berries

Bën: 4 racione

PËRBËRËSIT:
- 2 gota verë orizi Shaoxing
- 4 feta xhenxhefili të freskët të qëruara, secila përafërsisht sa një e katërta
- 2 lugë goji manaferra të thata
- 2 lugë çaji sheqer
- Karkaleca jumbo 1 kile, e qëruar dhe e deveuar, bishtat e mbetur
- 2 lugë vaj vegjetal
- Kripë Kosher
- 2 lugë çaji niseshte misri

UDHËZIME:
a) Në një tas të gjerë përzierjeje, përzieni së bashku verën e orizit, xhenxhefilin, manaferrat goji dhe sheqerin derisa sheqeri të tretet. Shtoni karkalecat dhe mbulojeni. Marinojini në frigorifer për 20 deri në 30 minuta.

b) Hidhni karkalecat dhe marinadën në një kullesë të vendosur mbi një tas. Rezervoni $\frac{1}{2}$ filxhan marinadë dhe pjesën tjetër hidhni.

c) Nxehni një wok mbi nxehtësinë mesatare-të lartë derisa një pikë uji të ziejë dhe të avullojë në kontakt. Hidhni vajin dhe rrotullojeni për të mbuluar bazën e wok-ut. Rrëzoni vajin duke shtuar një majë të vogël kripë dhe rrotullojeni butësisht.

d) Shtoni karkalecat dhe skuqini fuqishëm, duke shtuar një majë kripë ndërsa i rrokullisni dhe i hidhni karkalecat në wok. Vazhdoni të lëvizni karkalecat për rreth 3 minuta, derisa ato thjesht të marrin ngjyrë rozë.

e) Përzieni niseshtenë e misrit në marinadën e rezervuar dhe derdhni mbi karkaleca. Hidhni karkalecat dhe lyejeni me marinadë. Ajo do të trashet në një salcë me shkëlqim ndërsa fillon të ziejë, rreth 5 minuta të tjera.

f) Transferoni karkalecat dhe manaferrat goji në një pjatë, hidhni xhenxhefilin dhe shërbejini të nxehtë.

ËSHTËRTI SUPERUSHQIM

73. Açaí Sorbet

Bën: 4 porcione

PËRBËRËSIT:

- 2 gota boronica të freskëta
- një gëlqere
- 14 ons pure të ngrirë të pastër dhe pa sheqer të manave Açaí
- ½ filxhan sheqer
- ⅔ filxhan ujë

UDHËZIME:

a) Ndezni sobën tuaj në mesatare dhe vendosni ujin të vlojë në një tenxhere të vogël. Pasi të vlojë, hidhni sheqerin dhe përzieni që të tretet plotësisht.

b) Pasi sheqeri të jetë tretur, hiqeni tenxheren nga sobë dhe përzieni pak lëvore gëlqereje. Lëreni këtë anash të ftohet ndërsa punoni në pjesët e tjera të sherbetit.

c) Nxirreni blenderin dhe vendosni tulin e manaferrës Açaí, boronicat dhe 2 lugë gjelle lëng gëlqereje. Shtypni butonin "përzierje" dhe bëjeni pure këtë përzierje derisa të bëhet e bukur dhe e lëmuar.

d) Tani, shtoni sheqerin dhe ujin e gëlqeres në blender dhe goditni përsëri "blend".

e) Tani që përzierja është përzier e gjitha në mënyrë perfekte, hapni makinën tuaj të akullores dhe derdheni në tas. E lemë të ziejë për rreth 30 minuta ose derisa sherbeti të trashet.

f) Transferoni sherbetin në një enë dhe vendoseni në ngrirjen tuaj. Duhet të duhen të paktën 2 orë që të forcohet. Në atë moment, mund ta trajtoni veten me një sherbet!

74. <u>Tortë me manaferra dhe Açaí Berry pa pjekje</u>

Bën: 4 porcione

PËRBËRËSIT:

BAZA:

- 4 hurma Medjool pa fara
- $\frac{1}{2}$ filxhan bajame
- $\frac{1}{2}$ filxhan tërshërë të mbështjellë pa gluten

SHTRESA E KOKOSIT:

- $\frac{3}{4}$ filxhan qumësht kokosi me yndyrë të plotë
- $\frac{1}{4}$ filxhan kos pa qumësht
- $\frac{1}{2}$ lugë çaji pluhur agar agar

SHKRESA AÇAI & BLACKBERRY:

- 100 gr manaferra
- $\frac{1}{2}$ filxhan ujë
- $\frac{1}{4}$ filxhan kos pa qumësht
- 1 filxhan qumësht kokosi me yndyrë të plotë
- 3 lugë shurup panje
- 1 lugë gjelle pluhur Açaí Berry
- 1 lugë çaji pluhur agar agar

SHTRESA E KOKOSIT:

- $\frac{3}{4}$ filxhan qumësht kokosi me yndyrë të plotë
- $\frac{1}{4}$ filxhan kos pa qumësht
- $\frac{1}{2}$ lugë çaji pluhur agar agar

PELTE ME FERË:

- 100 gr manaferra
- $\frac{1}{2}$ filxhan ujë
- 3 lugë shurup panje
- $\frac{1}{2}$ lugë çaji pluhur agar agar

UDHËZIME:

a) Rreshtoni një tepsi me letër pergamene. Në një procesor ushqimi, shtoni përbërësit bazë dhe përpunoni derisa të kombinohen mirë. Transferoni përzierjen në tavën e përgatitur, duke e shtypur fort në fund. E vendosim tavën në ngrirje që të qëndrojë gjatë përgatitjes së shtresës së kokosit.

b) Shtresa e kokosit: Në një tenxhere vendosim qumështin e kokosit të ziejë. Shtoni agar-agar dhe përzieni vazhdimisht, vazhdoni të përzieni derisa agari të tretet plotësisht. Më pas uleni zjarrin dhe hidhni kosin. Lëreni të ziejë për 1 min. Fikni zjarrin dhe lëreni përzierjen të ftohet pak. Derdhni përzierjen mbi bazën. Ftoheni në frigorifer për tu vendosur.

c) Shtresa Açai: shtoni manaferrat dhe ujin në një blender dhe përzieni derisa të jetë e qetë. Në një tenxhere vendosim qumështin e kokosit dhe purenë e manaferrës të ziejnë. Shtoni agar-agar dhe pluhur açai dhe përzieni vazhdimisht, vazhdoni të trazoni derisa agari të tretet plotësisht. Më pas ulni zjarrin dhe përzieni me kosin dhe shurupin e panjës. Lëreni të ziejë për 1 min. Fikni zjarrin dhe lëreni përzierjen të ftohet pak. Hidheni përzierjen mbi shtresën e vendosur të kokosit. Vendoseni në frigorifer për tu vendosur.

d) Pelte me manaferra: Në një tenxhere vendosni ujin dhe manaferrat të ziejnë. Shtoni agar-agar dhe përzieni vazhdimisht, vazhdoni të përzieni derisa agari të tretet plotësisht. Më pas uleni zjarrin dhe përzieni në shurup panje. Lëreni të ziejë për 1 min. Fikni zjarrin dhe masën e derdhni sipër shtresës së vendosur të manaferrës. Transferoni tavën në frigorifer dhe lëreni të ngurtësohet.

75. Açaí Popsicles

Bën: 10 kokoshka

PËRBËRËSIT:

- $3\frac{1}{2}$-4 gota manaferra të freskëta të përziera luleshtrydhe, mjedra, boronica dhe manaferra
- $\frac{3}{4}$ filxhan kos grek të thjeshtë ose vanilje
- $\frac{1}{2}$ filxhan qumësht
- $\frac{1}{4}$ filxhan sheqer kallami ose zëvendësues sheqeri
- 2 lugë pluhur Açaí ose 1 pako Açaí e ngrirë

UDHËZIME:

a) Përgatitni frutat duke i larë. Pritini bishtat e luleshtrydheve.

b) Në një blender me shpejtësi të lartë, shtoni manaferrat, kosin, qumështin, sheqerin dhe pluhurin Açaí. Përziejini derisa të jenë të lëmuara dhe farat të ndahen për rreth 2 minuta.

c) Hidheni në kallëpe të kokoshkave. Ngjitni shkopinjtë e kokoshkave në mes të secilit prej kallëpeve.

d) Ngrijeni derisa të ngrijë plotësisht.

e) Hiqni kokoshkat nga forma dhe shërbejini.

f) Ruani në frigorifer në një enë hermetike ose Ziploc deri në 3 muaj.

76. Tortë Vegan Açaí Berry

Bën: 8

PËRBËRËSIT:
BAZA:
- 30 g Proteina Tokësore me lëndë ushqyese me shumicë në çokollatë
- 65 g vakt bajame
- 1 lugë çaji esencë vanilje
- 60 g shurup malti orizi
- 50 g tërshërë
- 10 g fara
- 15 g pluhur kakao
- 50 g shqeme të papërpunuara
- 75 ml qumësht sipas dëshirës - kemi përdorur qumësht bajame

MBULIMI:
- 30 g pluhur proteine vanilje
- 200 g pure Açaí të ngrirë
- 200 g shqeme të papërpunuara - të zhytura në ujë për t'u zbutur
- 300 ml krem kokosi
- 40 g vaj kokosi - i shkrirë
- 2 lugë çaji xhelatinë ose alternativë vegane - të tretura në 20 ml ujë të vluar
- 50 g shurup malti orizi
- 1 lugë çaji esencë vanilje

UDHËZIME:

a) Shtroni një format për kek me letër pjekjeje.

PËR TË BËRË BAZËN:

b) Vendosni shqeme dhe tërshërë në një blender dhe pulsoni.

c) Shtoni të gjithë përbërësit e tjerë dhe përzieni me dorë.

d) Shtypeni në bazën e formës së tortës.

PËR TË BËRË MËSIMIN:

e) Vendosni të gjithë përbërësit e sipërm në një procesor dhe përziejini derisa të jenë të lëmuara.

f) Hidheni mbi bazën.

g) Vendoseni në frigorifer. Më mirë të lihet për t'u vendosur gjatë natës.

77. Akullore me banane dhe açai

Bën: 2 porcione

PËRBËRËSIT:
- 2 banane të ngrira
- 4 oz açai të ngrirë
- 1½ lugë shurup panje
- ½ lugë çaji ekstrakt vanilje

UDHËZIME:
a) Hidhini të gjithë përbërësit në enën e një procesori ushqimi dhe lëreni të veprojë derisa të bëhet kremoze dhe e shijshme.

78. Mus çokollatë Açaí

Bën: 4 porcione

PËRBËRËSIT:
- 100 g copa çokollate të zezë pa sheqer
- 175 gr hurma, pa kokrra
- 5 te bardha veze
- 3 lugë çaji sheqer kokosi
- $\frac{1}{4}$ filxhan pluhur Açaí
- 2 gota jogurt grek/natyral
- 2 lugë ujë kokosi pluhur
- 3 lugë mjaltë

MBULIMI:
- Thekon kokosit
- Boronica/mjedra

UDHËZIME:
a) Hidhni hurmat në një tenxhere dhe mbulojini me ujë. Lërini të vlojnë dhe më pas ziejini derisa hurmat të jenë shumë të buta, duke i përzier herë pas here.

b) Shkrini çokollatën në një tas rezistent ndaj nxehtësisë mbi një tigan me ujë të valë. Lëreni mënjanë të ftohet pak.

c) Përpunoni hurmat dhe lëngun e mbetur të zierjes në një përpunues ushqimi derisa të jenë të lëmuara. Lëreni të ftohet, shtoni çokollatën dhe përpunoni derisa të bashkohen.

d) Përzieni kosin, pluhurin Açaí dhe mjaltin në një tas derisa të kombinohen.

e)Rrihni të bardhat e vezëve në një tas shumë të pastër dhe të thatë derisa të zbardhen dhe të ngurtësohen. Shtoni 1 lugë çaji sheqer kokosi dhe rrihni për një minutë, shtoni sheqerin e mbetur të kokosit dhe rrihni derisa e bardha e vezëve të bëhet me shkëlqim.

f) Shtoni një lugë të vogël të përzierjes së të bardhës së vezës për t'u liruar dhe më pas palloseni butësisht⅓të të bardhëve të vezëve përmes.

g)Hidhni një shtresë të hollë të përzierjes së hurmave me çokollatë në çdo filxhan dhe vendoseni në frigorifer për 15 minuta.

h)Ndërkohë, palosni butësisht të bardhat e mbetura të vezëve në përzierjen Açaí. Ndani në gota dhe vendoseni në frigorifer për të paktën një orë.

i) Shërbejeni të mbushura me boronica të freskëta, thekon kokosi, arra ose mbushje të zgjedhjes suaj!

79. Puding Açai Chia

Bën: 4 porcione

PËRBËRËSIT

- $\frac{3}{4}$ filxhan fara Chia
- 2 $\frac{3}{4}$ filxhanë qumësht jo qumështor
- 6–8 Medjool Dates, me gropa
- 6 lugë gjelle Açai-Maqui Bowl Mix
- $\frac{1}{4}$ filxhan Boronica, të freskëta ose të ngrira
- Mbushje opsionale: granola, fruta të freskëta, kakao, etj.

UDHËZIME

a) Fillimisht, shtoni hurmat pa kokrra dhe qumështin jo qumështor në një blender me shpejtësi të lartë dhe përziejini deri sa të jetë e qetë.

b) Shtoni përbërësit e mbetur në blender dhe pulsoni ose përziejeni në temperaturë të ulët derisa gjithçka të përfshihet mirë. Lëreni të qëndrojë për 5 minuta, më pas përzieni përsëri - "pudingu" duhet të jetë dukshëm më i trashë. Nëse nuk keni një blender me cilësime të ndryshueshme, mund të transferoni gjithçka në një tas dhe ta përzieni me dorë.

c) Transferoni Pudingun Chia në kavanoza dhe ruajeni në frigorifer deri në 5 ditë. I shtrova tasat e mia Açaí Chia me 2 lugë gjelle Granola + Fruta në fund, plus më shumë Fruta, Granola dhe Kakao Nibs sipër!

80. Akullore e kokosit Goji Beet

Bën: 4 racione

PËRBËRËSIT:
SHTRESA E KOKOSIT:
- 3 gota kokos të grirë
- $\frac{1}{4}$ filxhan shurup malti orizi
- 1 lugë gjelle qumësht kokosi
- 1 lugë gjelle vaj kokosi

SHTRESA ROZË:
- 3 gota kokos të grirë
- $\frac{1}{4}$ filxhan shurup malti orizi
- 1 lugë gjelle qumësht kokosi
- 1 lugë gjelle vaj kokosi
- 2 lugë fara organike Chia
- ⅓ filxhan Goji Berries
- 1 lugë çaji pluhur panxhari organik

UDHËZIME:
a) Vendosini përbërësit për shtresën e kokosit në një procesor ushqimi dhe pulsoni derisa përzierja të ngjitet së bashku. Në një tepsi katror të rreshtuar, shtrijeni masën dhe vendoseni në frigorifer.

b) Më pas kaloni në shtresën rozë, duke vendosur përbërësit për këtë shtresë në procesorin e ushqimit dhe duke pulsuar derisa përzierja të ngjitet së bashku. Përhapeni sipër shtresës së kokosit dhe ngrini.

c) Lëreni të ngrijë për të paktën 30 minuta përpara se ta prisni në katrorë.

d) Sipër me Goji Berries shtesë për t'u shërbyer.

81. Kos i ngrirë me kokrra të kuqe i mbushur me Goji

Bën: 4 racione

PËRBËRËSIT:
- 2 gota manaferra të përziera të ngrira
- Pluhur Acai
- 1 filxhan kos grek me pak yndyrë
- Boronica të freskëta dhe manaferrat Goji për sipër

UDHËZIME:
a) Shtoni manaferrat e përziera dhe pluhurin acai në një blender me shpejtësi të lartë dhe përzieni derisa përzierja të jetë e qetë.

b) Vendoseni në një prodhues akulloreje duke ndjekur udhëzimet e dhëna dhe shërbejeni ose shërbejeni menjëherë pasi të keni përzier përbërësit nëse nuk keni akullore.

c) Dekoroni me boronica dhe goji berries.

82. Akullore me Vanilje Goji Berry

Bën: 4 racione

PËRBËRËSIT:
AKULLORE:
- $\frac{3}{4}$ filxhan shqeme të papërpunuara, të njomura paraprakisht dhe të kulluara
- 6 lugë qumësht jo të qumështit pa sheqer
- 5 lugë shurup panje
- 4 lugë vaj kokosi
- 1 lugë çaji ekstrakt i pastër vanilje
- $\frac{1}{2}$ lugë çaji fasule vanilje të bluar të papërpunuar
- $\frac{1}{4}$ lugë çaji kripë deti

PASHIMET:
- $\frac{1}{4}$ filxhan manaferrat goji të thata
- 1 lugë gjelle petale lule misri blu të thata të ngrënshme

UDHËZIME:
a) Përziejini gjithçka në një përzierje të lëmuar në një blender të fuqishëm.

b) Transferoni në një enë qelqi të mesme të vogël rezistente ndaj ngrirësit.

c) Spërkateni me manaferrat goji dhe petale lule misri. Ngrijë.

83. Tortë goji, fëstëk dhe limon

Bën: 12

PËRBËRËSIT:
PËR KORËN VEGAN TË FISTËQËS SË RAPË:
- 1½ filxhan miell bajame ose miell bajame
- ½ filxhan fëstëkë
- 3 data
- 1½ lugë gjelle vaj kokosi
- ½ lugë çaji pluhur kardamom të bluar
- ⅛ lugë çaji kripë

MBUSHJA:
- 1½ filxhan krem kokosi
- 1 filxhan lëng limoni
- 1 lugë niseshte misri
- 2 lugë çaji agar-agar
- ¼ filxhan shurup panje
- ½ lugë çaji pluhur shafran i Indisë
- 1 lugë çaji ekstrakt vanilje
- ½ lugë çaji ekstrakt goji

PALLAT:
- një grusht goji berries
- fruti i Dragoit
- lule të ngrënshme
- zemrat me çokollatë

UDHËZIME:
SHELL TART

a) Përzieni miellin e bajameve dhe fëstëkët në një përpunues ushqimi/blender derisa të bëhet një thërrime e imët.

b) Shtoni pjesën tjetër të përbërësve të kores dhe përziejini mirë derisa të përftoni një masë të njëtrajtshme ngjitëse.

c) Shtoni brumin e kores në një tepsi dhe përhapeni në mënyrë të barabartë brenda bazës.

d) Lëreni të ftohet në frigorifer, ndërsa përgatitni mbushjen.

MBUSHJE

e) Ngrohni kremin e kokosit në një tenxhere të mesme, duke e trazuar mirë derisa të jetë e qetë dhe e njëtrajtshme.

f) Shtoni pjesën tjetër të përbërësve të mbushjes, duke përfshirë niseshtën e misrit dhe agar agar.

g) Duke e përzier vazhdimisht, lëreni të vlojë dhe gatuajeni për disa minuta derisa të fillojë të trashet.

h) Kur masa të trashet, hiqeni nga zjarri dhe lëreni të ftohet për 10-15 minuta.

i) Më pas hidheni sipër kores dhe lëreni të ftohet plotësisht.

j) Vendoseni në frigorifer për të paktën nja dy orë derisa mbushja të jetë bllokuar plotësisht.

k) Dekoroni me goji manaferrat, topa frutash dragoi dhe lule të ngrënshme, ose me mbushjet tuaja të preferuara.

84. Goji Berry Cupcakes me Ganache me çokollatë

Bën: Rreth 30 Cupcakes

PËRBËRËSIT:
- 7 ons çokollatë të hidhur, të copëtuar
- 12 ons gjalpë pa kripë
- 2 $\frac{1}{4}$ gota sheqer
- 8 vezë të mëdha, në temperaturë dhome
- 1 $\frac{1}{4}$ filxhan miell për të gjitha përdorimet
- $\frac{1}{4}$ filxhan pluhur kakao pa sheqer
- 1 $\frac{1}{2}$ lugë çaji pluhur pjekjeje
- $\frac{1}{4}$ lugë çaji kripë rozë Himalaje
- $\frac{3}{4}$ filxhan goji berries, të copëtuara
- Ganache me çokollatë

UDHËZIME:
a) Ngroheni furrën në 350 gradë.

b) Përgatisni tiganët e kekut me veshje për kek kek.

c) Vendos çokollatën në një tas metalik. Shtoni gjalpë në çokollatë dhe vendoseni tasin mbi një tigan me ujë të zier. I trazojmë derisa të shkrihet çokollata dhe të bashkohet gjalpi.

d) Hiqeni nga zjarri dhe përzieni me sheqer. Lëreni përzierjen të ftohet për 10 minuta. Hidheni masën në një tas me mikser dhe rrihni për 3 minuta.

e) Shtoni një nga një vezë, duke e përzier për 30 sekonda ndërmjet secilës.

f) Shosh miellin, pluhurin e kakaos, pluhurin për pjekje dhe kripën në një tas. Shtoni në masë dhe rrihni derisa të përzihet.

g)Llokoçisni manaferrat goji. Hidheni në gota për kek dhe piqini për 25 minuta ose derisa një kruese dhëmbësh të dalë e pastër. Hiqeni nga furra dhe lëreni të ftohet në një raft teli.

h)Vendoseni ganashin në pjesën e sipërme të kekëve, më pas spërkatni me kripë rozë.

85. Goji banane me çokollatë

Bën: 6

PËRBËRËSIT:

- 4 banane mesatare të qëruara dhe të prera në gjysmë në mënyrë tërthore
- Shkopinj popsicle
- 1 ½ filxhan patate të skuqura/butona me çokollatë të zezë
- ¼ lugë çaji vaj kokosi

PALLËZIMET

- Muesli i thekur dhe fara kungulli
- Goji Berries & kajsi të thata të prera në kubikë
- Arils shegë të thara në ngrirje dhe patate të skuqura kokosi
- Fëstëkë të copëtuar dhe bajame të grira
- Bajame të grira dhe kokos të grirë
- Puffs quinoa

UDHËZIME:

a) Vendosni patate të skuqura/butonat e çokollatës me vajin e kokosit në një tas të sigurt për mikrovalë dhe ngrohni për të paktën 15 sekonda në intervale me fuqi mesatare - përziejeni ndërmjet secilit derisa të shkrihet.

b) Përdorni një filxhan me grykë të gjerë në mënyrë që çokollata e shkrirë të mbulojë të paktën $\frac{3}{4}$ e gjatësisë së bananes kur ajo zhytet në çokollatë.

c) Përhapeni çdo majë në një tabaka të sheshtë dhe rrotulloni bananen e mbuluar me çokollatë në pjesën e sipërme të zgjedhur. Vendoseni në një tabaka të vogël të veçantë me letër dylli.

d) Përsëriteni procesin për mbushjet e tjera dhe më pas vendosini në frigorifer për të paktën 30 minuta ose derisa veshja të jetë ngurtësuar. Shërbejeni të ftohtë.

86. Byrek me Berry Açaí

Bën: 4 porcione

PËRBËRËSIT
PËR KOREN:
- 1 kore byreku pa gluten

PËR MBUSHJE:
- $\frac{1}{2}$ filxhan pure Açaí
- 3 gota manaferra të përziera të ngrira
- 1-2 lugë vaj kokosi
- Çikë Xhenxhefili i bluar
- Pikë kanelle
- Dash vanilje

PËR SHKRUESIN E SHKRIMIT:
- 2 gota tërshërë pa gluten
- $\frac{1}{2}$ filxhan vaj kokosi i shkrirë
- Dash e kripë deti
- Dash kanellë
- Opsionale: Një grusht i vogël arra dhe fara të copëtuara

UDHËZIME:
a) Ngrohni furrën në 350° F. Për të bërë mbushjen: Në një blender, kombinoni purenë Açaí, manaferrat e përziera të ngrira dhe xhenxhefilin ose kanellën sipas dëshirës.

b) Përziejini derisa të jenë të lëmuara dhe të kombinuara. Në një tas, shtoni pjesën tjetër të manave dhe më pas shtoni përzierjen tuaj të përzier. Përziejini për t'u bashkuar. Hidheni përzierjen në koren tuaj të byrekut dhe lëreni në mënyrë të barabartë përzierjen.

c)Sipër, shpërndani në mënyrë të barabartë kukulla të vogla me vaj kokosi.

d)Spërkateni me përzierje crumble. Për të bërë Crumble: Në një tas, kombinoni të gjithë përbërësit.

e)Sigurohuni që tërshëra të jetë e mbuluar. Hidhni sipër mbushjen e byrekut dhe uleni butësisht poshtë. Piqni në 350° F për 30 minuta, ose derisa të marrin ngjyrë kafe të artë.

f)Lëreni të ftohet përpara se ta shërbeni. Provoni të shtoni një lugë Açai Sorbet për ta bërë atë një modalitet.

87. Bukë me banane Açaí

Bën: 6 racione

PËRBËRËSIT
- Pure Açaí
- ½ filxhan gjalpë vegan
- 1 filxhan sheqer vegan
- 3 banane të pjekura tepër të mëdha
- 2 Ekuivalente për zëvendësimin e vezëve
- ½ lugë çaji vanilje
- ½ lugë çaji Lëng limoni
- 1 ½ filxhan miell i pazbardhur
- 1 ½ lugë ujë të nxehtë

UDHËZIME:
a) Ngroheni furrën në 350 gradë.

b) Për të përgatitur, lyeni me gjalpë një tavë standarde për bukë, grijini bananet derisa të jenë të lëmuara me disa copa dhe ndajini të bardhat dhe të verdhat e vezëve në dy enë të ndryshme.

c) Krem gjalpin dhe sheqerin së bashku në një tas të madh. Shtoni bananet, të verdhat e vezëve, vaniljen, lëngun e limonit dhe sodën e bukës dhe përzieni mirë dhe më pas përzieni miellin derisa të kombinohen.

d) Rrihni të bardhat e vezëve derisa të jenë të forta, më pas futini butësisht në brumë derisa të përzihen. Në fund, përzieni me ujë të nxehtë.

e) Hidhni gjysmën e brumit në tavën tuaj për bukë, shtoni paketimin Açaí për të bërë një shtresë të mesme, pastaj derdhni brumin e mbetur për ta mbushur.

f) Duke përdorur një hell druri ose pajisje tjetër me formë të ngjashme, përzieni butësisht brumin në një lëvizje rrethore për të bërë Açaí të rrotullohet.

g) Piqni për rreth 45 minuta ose derisa një kruese dhëmbësh e futur në qendër të dalë e pastër.

h) Lëreni të ftohet për rreth 15 minuta dhe shërbejeni.

88. Brownies Açaí të papërpunuara

Bën: 6 racione

PËRBËRËSIT
PËR BROWNIES:
- Pure Açaí
- 1 ½ filxhan arra
- 6 lugë gjelle Vegan Kakao Pluhur 1
- ½ lugë çaji vanilje
- 2 ½ filxhan hurma me kokrra
- Pini kripë deti Himalayan

PËR SIPERIN:
- ¾ filxhan shqeme të papërpunuara
- 2 lugë vaj kokosi të shkrirë
- 3 lugë shurup panje
- Pure Açaí
- Manaferrat e përziera të ngrira

UDHËZIME:

a) Kombinoni purenë Açaí, hurmat, arrat, kakaon, vaniljen dhe kripën në një përpunues ushqimi. Procedoni derisa të jetë e qetë. duke kruar anët sipas nevojës. Lyeni lehtë një tavë pjekjeje 8 x 8 me vaj kokosi ose përdorni letër furre.

b) Transferoni brumin në tepsi dhe shtypeni fort derisa të shpërndahet në mënyrë të barabartë. Vendoseni në frigorifer për të paktën dy orë.

c) Për mbushje: Në një përpunues ushqimi, pulsoni shpejt shqeme të papërpunuara, panje ose mjaltë, Açaí dhe vaj kokosi.

d) Shtoni një majë kripë nëse dëshironi dhe një grusht manaferra të ngrira të përziera. Sapo brownies të jenë forcuar në frigorifer për rreth dy orë, i lyejmë me brymë dhe i vendosim sërish në frigorifer për një ose dy orë të tjera.

e) Pritini dhe shërbejeni.

PIJET SUPERUSHQIMORE

89. Koktej Minty Açaí

Bën: 2 porcione

PËRBËRËSIT
- 10 oz lëng Açaí
- 2 oz vodka
- $\frac{1}{4}$ filxhan Boronica, të ngrira
- 1 degëz mente
- Lëng nga $\frac{1}{2}$ limoni
- Akull
- Një grusht boronica të freskëta

UDHËZIME
a) Vendosni boronicat e ngrira, nenexhikun dhe lëngun e limonit në një shaker.

b) Përziejini përbërësit.

c) Shtoni vodka, akull dhe lëng Açaí.

d) Tundeni për 20 sekonda.

e) Hidheni mbi një sitë në gota për servirje me akull.

f) Sipër shtoni boronica shtesë të freskëta, limon dhe nenexhik.

90. Koktej Bourbon Açaí

Bën: 1 shërbim

PËRBËRËSIT
- 2 oz Bourbon
- 1 lugë gjelle Lëng limoni të freskët
- 2 lugë çaji Blackberry Simple Shurup
- ⅓filxhan Pije energjike
- 5 Manaferra të ngrira

UDHËZIME
a) Në një shaker, kombinoni burbonin, lëngun e limonit, shurupin e manaferrës, pijen energjike dhe akullin. Tundeni mirë.

b) Kullojeni në një gotë të gjatë mbi manaferrat e ngrira dhe zbukurojeni me nenexhik, nëse dëshironi.

91. <u>Strawberry Açaí Rosé Spritzer</u>

Bën: 2

PËRBËRËSIT
- 1 filxhan luleshtrydhe
- ½ limon, me lëng
- 8 oz roze
- 6 oz pije energjike
- Për dekorim: luleshtrydhe, feta limoni, gjethe mente

UDHËZIME
a) Në një blender, bëni pure luleshtrydhet dhe lëngun e limonit derisa të jenë të lëmuara.

b) Për çdo spritzer, shtoni 3 lugë pure luleshtrydhesh dhe rose në një gotë.

c) Shtoni kube akulli dhe sipër me Pijen Energjetike. Përziejini sërish.

d) Dekoroni me luleshtrydhe, feta limoni dhe nenexhik të freskët...dhe shijoni!

92. Koktej Blue Martini Açaí

Bën: 1 shërbim

PËRBËRËSIT
- 1 pjesë Açaí Pije energjike
- 1 pjesë vodka

UDHËZIME
a) Hidheni mbi akull dhe tundeni në një shaker.
b) Kullojeni në një gotë martini.

93. Koktej Caipirinha Açaí

Bën: 1 shërbim

PËRBËRËSIT
- 2 pjesë pije energjike Açaí
- 1 pjesë Cachaça
- ½ pyka gëlqereje
- 1 lugë çaji Sheqer i papërpunuar

UDHËZIME
a) Hidhni gëlqere në fund të shakerit tuaj dhe derdhni cachaça, Amazon Energy, sheqer dhe një grusht të shëndetshëm akull.

b) Tundeni dhe shërbejeni në një gotë të mbushur me pak sheqer.

94. Koktej Açaí me xhenxhefil

Bën: 1 shërbim

PËRBËRËSIT
- 1 kanaçe Açaí pije energjike
- Birra me xhenxhefil

UDHËZIME
a) Hidhni birrën me xhenxhefil në gotë fillimisht dhe shtoni pije energjike Açaí për shije
b) Koleksioni i pijeve energjike amazon Konsumoni pije Produkt origjinal pije energjike Açaí Pije të llojit

95. Açaí xhin dhe tonik

Bën: 1 koktej

PËRBËRËSIT

- 2$\frac{1}{2}$ ons xhin
- 1 ons lëng gëlqereje
- 1 lugë çaji pluhur organik Açaí
- 5 ons ujë tonik

UDHËZIME

a) Në një shaker kokteji shtoni xhinin, lëngun e limonit dhe pluhurin Açaí.

b) Tundeni për 30 sekonda me akull.

c) Mbushni dy gota të vogla me akull dhe kullojeni përzierjen e xhinit dhe gëlqeres sipër.

d) Mbushni me ujë tonik dhe zbukurojeni me një lule lejla. Nëse përdorni akull të thatë, shtoni një copë në koktej përpara se ta shërbeni.

96. Koktej me mjedër, Riesling dhe Açaí

Bën: 1

PËRBËRËSIT
- 1 pjesë Lëng Açaí Mjedër
- 1 pjesë Riesling
- Soda e klubit
- Luleshtrydhe të freskëta, të prera në feta

UDHËZIME
a) Shtoni pjesë të barabarta Raspberry Açaí dhe Riesling.
b) Sipër me sode klubi.
c) Dekoroni me luleshtrydhe të freskëta.

97. Smoothie vanilje vishnje

Bën: 2

PËRBËRËSIT:
- 1 filxhan qershi të ngrirë pa koriza
- $\frac{1}{4}$ filxhan arra makadamia të papërpunuara
- $\frac{1}{2}$ banane, e prerë në copa
- $\frac{1}{4}$ filxhan manaferrat goji të thata
- 1 lugë çaji ekstrakt i pastër vanilje
- 1 gotë ujë
- 6 deri në 8 kube akulli

UDHËZIME:
a) Vendosni të gjithë përbërësit përveç akullores në një blender dhe përpunoni derisa të bëhet një masë e butë dhe kremoze.

b) Shtoni akullin dhe përpunoni përsëri. Pini akull të ftohtë.

98. Smoothie me luleshtrydhe Goji dhe Chia

Bën: 2

PËRBËRËSIT:
- 1 lugë gjelle goji berries
- 1 lugë luleshtrydhe
- 1-inç copë shkop kanelle
- 2-4 lugë fara chia
- 1 lugë gjelle vaj kokosi
- 16 ons. uje kokosi
- ⅓ filxhan fara kërpi
- 2-3 gjethe të mëdha kale
- 1 filxhan manaferra të ngrira
- ½ banane e ngrirë

UDHËZIME:
a) Vendosni manaferrat goji, kanellën dhe farat chia në blenderin tuaj dhe shtoni aq ujë kokosi sa të mbulohet mirë. Lëreni të njomet për rreth 10 minuta.

b) Vendosni ujin e mbetur të kokosit dhe përbërësit në blender dhe përpunoni në vendosjen e duhur të Smoothie, duke shtuar lëng shtesë për konsistencën e dëshiruar.

99. Smoothie i përzier Goji Berry

Bën: 2

PËRBËRËSIT:
- 2 gota luleshtrydhe
- 1 banane e pjekur
- $\frac{1}{4}$ filxhan goji berries
- 1 filxhan manaferra të ngrira të përziera
- Një dorezë 1 inç e rrënjës së xhenxhefilit
- $\frac{1}{4}$ filxhan me ujë kokosi

UDHËZIME:
a) Shtoni të gjithë përbërësit në blender.
b) Dekoroni me kokos të grirë dhe luleshtrydhe.

100. Smoothie goji, mango dhe baobab

Bën: 3 gota

PËRBËRËSIT:
- 2 gota ujë
- 1 mango
- $\frac{1}{4}$ filxhan goji berries
- 5 hurma, të papastër dhe të njomur
- 2 lugë çaji pluhur baobab

UDHËZIME:
a) Përziejini gjithçka në temperaturë të lartë për rreth 30 sekonda në një blender me shpejtësi të lartë ose 60 sekonda në një blender të zakonshëm.

PËRFUNDIM

Urime, keni arritur në fund të Kuzhinës Superushqimit! Shpresojmë që të keni shijuar zbulimin e fuqisë së jashtëzakonshme të superushqimeve dhe se keni gjetur shumë frymëzim për përfshirjen e këtyre ushqimeve të pasura me lëndë ushqyese në gatimin tuaj të përditshëm.

Ne e dimë se gatimi me superushqime mund të jetë një përvojë e re për disa, por shpresojmë që ky libër gatimi t'ju ketë treguar se sa e lehtë dhe e shijshme mund të jetë. Pavarësisht nëse jeni një profesionist i sprovuar ose një fillestar kurioz, përfshirja e superushqimeve në gatimin tuaj është një mënyrë fantastike për të përmirësuar shëndetin dhe mirëqenien tuaj.

Mbani mend, çelësi i gatimit të suksesshëm të superushqimeve është të zgjidhni përbërës me cilësi të lartë, të ndiqni nga afër recetat dhe të eksperimentoni me shije dhe tekstura të ndryshme për të krijuar pjatat tuaja unike.

Dhe nëse ju pëlqeu ky libër gatimi, sigurohuni që ta kontrolloni

Ingram Content Group UK Ltd.
Milton Keynes UK
UKHW021840100723
424883UK00008B/68

9 781835 311431